El
Príncipe

Título original: *Il principe*, Niccolò di Bernardo dei Machiavelli
© Traducción: [atribuida a] Alberto Lista
© Nota introductoria, por M.P.S
© Prólogo a esta edición, Javier Santamarta del Pozo
© 2024. De esta edición, Editorial EDAF, S. L. U.
Todos los derechos reservados

Diseño de colección: Manuel García Pallarés

Editorial EDAF, S. L. U.
Jorge Juan, 68. 28009 Madrid
Tfno. (34) 914358260. http://www.edaf.net
edaf@edaf.net

Ediciones Algaba, S. A. de C. V.
Colonia Belisario Domínguez, calle 21, Poniente 3323. Entre la 33 sur y la 35
sur, Puebla, 72180, México. Tfno.: 52 22 22 11 13 87
jaime.breton@edaf.com.mx

Edaf del Plata, S. A.
Chile, 2222
1227 Buenos Aires, Argentina
Telf: +54114308-5222/+54116784-9516
edafdelplata@gmail.com
fernando.barredo@edaf.com.mx

Edaf Chile, S.A.
Huérfanos 1179 - Oficina 501
Santiago - Chile
comercialedafchile@edafchile.cl
Telf: +56944680539/+56944680597

Junio de 2024
ISBN: 978-84-414-4310-5
Depósito legal: M-8212-2024

Impreso en España / Printed in Spain
Gráficas Cofás. Pol. Ind. Prado Regordoño. Móstoles (Madrid)
Papel 100 % procedente de bosques gestionados de acuerdo con criterios de
sostenibilidad

El
Príncipe

Nicolás Maquiavelo

Traducción (atribuida a) Alberto Lista
Nota introductoria por M.P.S
Prólogo a esta edición Javier Santamarta del Pozo

MADRID — MÉXICO — BUENOS AIRES — SANTIAGO
2024

Índice

Sobre Nicolás Maquiavelo 11

Cronología. Nicolás Maquiavelo y su tiempo 13

Prólogo a esta edición, por Javier Santamarta 17

Nota introductoria, por M.P.S. 25

La traducción de Alberto Lista 29

Bibliografía .... ,,,,,, ... 33

El Príncipe

DEDICATORIA 39

I.   CUÁNTOS GÉNEROS HAY DE PRINCIPADOS,
    Y POR QUÉ MEDIOS SE ADQUIEREN 41

II   DE LOS PRINCIPADOS HEREDITARIOS 43

III DE LOS PRINCIPADOS MIXTOS 45

IV POR QUÉ EL REINO DE DARÍO, CONQUISTADO POR
    ALEJANDRO, NO SE LEVANTÓ CONTRA LOS SUCESORES
    DE ESTE DESPUÉS DE SU MUERTE 57

V   CÓMO HAN DE GOBERNARSE LAS CIUDADES O
    PRINCIPADOS QUE, ANTES DE SER CONQUISTADOS, SE
    REGÍAN POR SUS PROPIAS LEYES 61

VI   DE LOS NUEVOS ESTADOS QUE UN PRÍNCIPE ADQUIERE
POR SU VALOR Y POR SUS PROPIAS ARMAS.................................. 65

VII   DE LOS PRINCIPADOS NUEVOS QUE SE ADQUIEREN
CON LAS FUERZAS DE OTRO O POR UN EFECTO DE
BUENA FORTUNA.. 71

VIII   DE AQUELLOS QUE SE HAN ELEVADO A LA
SOBERANÍA POR MEDIO DE MALDADES.. 81

IX   DE LOS PRINCIPADOS CIVILES 87

X   CÓMO DEBEN GRADUARSE LAS FUERZAS
DE LOS GOBIERNOS.. 93

XI   DE LOS PRINCIPADOS ECLESIÁSTICOS 97

XII   DE LAS DIFERENTES ESPECIES DE MILICIA Y
DE LOS SOLDADOS MERCENARIOS 101

XIII   DE LAS TROPAS AUXILIARES, MIXTAS Y NACIONALES 109

XIV   DE LAS OBLIGACIONES DE UN PRÍNCIPE CON
RESPECTO A LA MILICIA 115

XV   POR QUÉ COSAS LOS HOMBRES, Y EN
PARTICULAR LOS PRÍNCIPES, MERECEN SER
ALABADOS O VITUPERADOS 119

XVI   DE LA LIBERALIDAD Y DE LA PARSIMONIA 121

XVII   DE LA CRUELDAD Y DE LA CLEMENCIA;
Y SI VALE MÁS SER AMADO QUE TEMIDO 125

XVIII   SI LOS PRÍNCIPES DEBEN SER FIELES A SUS TRATADOS 129

XIX   QUE EL PRÍNCIPE HA DE EVITAR QUE SE
LO MENOSPRECIE Y ABORREZCA 135

XX   SI LAS FORTALEZAS Y OTROS MEDIOS QUE PARECEN
ÚTILES A LOS PRÍNCIPES LO SON EN REALIDAD 147

XXI   POR QUÉ MEDIOS CONSIGUE UN PRÍNCIPE

HACERSE ESTIMAR 155

XXII DE LOS MINISTROS SECRETARIOS DEL PRÍNCIPE...................... 161

XXIII CÓMO SE DEBE HUIR DE LOS ADULADORES 163

XXIV POR QUÉ LOS PRÍNCIPES DE ITALIA HAN
PERDIDO SUS ESTADOS 167

XXV ¿QUÉ INFLUJO TIENE LA FORTUNA EN LAS COSAS DE ESTE
MUNDO, Y DE QUÉ MODO SE LE PUEDE HACER FRENTE
SIENDO ADVERSA? 171

XXVI EXHORTACIÓN PARA LIBERTAR A ITALIA DEL YUGO DE
LOS EXTRANJEROS... 175

Sobre Nicolás Maquiavelo

Niccolò di Bernardo dei Macchiavelli (Florencia 1469–ibídem 1527), Nicolás Maquiavelo, fue el tercer hijo de una familia noble florentina de cierto renombre que, a pesar de disponer de recursos modestos, le permitió gozar de una buena educación; su formación se vería enriquecida con la lectura de las obras de los grandes clásicos (Cicerón, Plutarco, Tito Livio, Tucídides...), que se convertirían en un referente en su pensamiento y en su obra, en la que sentenciaría que la etica y la lealtad son razones morales que a menudo se ignoran en el ejercicio del poder.

Acabados sus estudios, en 1494 se integró en la vida pública como funcionario de la república de Florencia, ejerciendo durante 15 años y llegando a alcanzar el puesto de segundo canciller, si bien su carrera como diplomático y político se vio truncada, padeciendo incluso prisión y exilio debido a las desavenencias con los gobernantes. Las experiencias aprendidas durante ese periodo como empleado público le servirían para dar forma a su pensamiento político, reforzando sus convicciones sobre los pocos escrúpulos de la política real.

Personajes como Lorenzo de Médici, Girolamo Savonarola, Caterina Sforza (condesa de Forlì), César Borgia, el papa Julio II, Fernando II de Aragón o el emperador Maximiliano, le sirvieron como modelos para desarrollar sus teorías sobre la 'forma' de dirigir un Estado, su eficacia o ineficacia, dependiendo de las actitudes y ambiciones de unos y otros gobernantes.

Maquiavelo está considerado como uno de los teóricos políticos más notables del Renacimiento, ya que con su acción y su obra se abre camino a la modernidad en su concepción política, así como a la reestructuración de la sociedad.

Autor de 22 obras de gran calado humanista, *El Príncipe* (escrita en 1513) es su obra más emblemática, si bien no le fue reconocida en vida, siendo publicada en 1532, cinco años después de su muerte.

El Príncipe parte del supuesto donde toda comunidad tiene dos polos, que están en constante conflicto: el pueblo (los gobernados) y los gobernantes. Maquiavelo distingue entre tres formas de gobierno: la república (para él modelo más ideal); la monarquía o aristocracia ilustrada, a las que considera como aceptables por eficaces; y la tiranía y oligarquía, a las que tacha de inaceptables.

Cronología

Nicolás Maquiavelo y su tiempo

1469   Nicolás Maquiavelo nace el 3 de mayo en el seno de una antigua familia toscana. El Estado florentino es una república, donde los Médici, de hecho, ejercen la soberanía.

1469-1470 A la muerte de Pedro de Médici, lo suceden sus hijos Lorenzo y Julián.

1478   (Abril) En Florencia: conjuración de los Pazzi contra Lorenzo y Julián, que es asesinado.

1492   (Abril) Muere Lorenzo de Médici, llamado el Magnífico. Lo sucede su hijo Pedro II.

1494   Expedición de Carlos VIII de Francia a Italia. Pisa se sacude el yugo de Florencia. Los Médici son expulsados de la ciudad. Se proclama la República. Savonarola es omnipotente en Florencia.

1497   Excomunión de Savonarola.

1498   Suplicio de Savonarola (19 de junio). A los 29 años,

Maquiavelo ingresa en la cancillería florentina como secretario. Estará al servicio de los diez magistrados encargados de la guerra y de los asuntos extranjeros.

1499 (Marzo) Maquiavelo es enviado en misión diplomática ante el Señor de Piombino y, en el mes de julio, ante Catalina Sforza que tiene sitiada Pisa.

1500 Primera legación de Maquiavelo en Francia.

1502 Maquiavelo es enviado en comisión a Arezzo. Acompaña hasta Urbino, para negociar con César Borgia, a monseñor Soderini, obispo de Volterra y futuro cardenal, hermano de Soderini, que pronto será *gonfalonero* vitalicio. Legación de Maquiavelo ante César Borgia en Imola en el mes de octubre. Maquiavelo presencia la conjura de Sinigaglia.

1503 Legación de Maquiavelo en Roma, después de la muerte del papa Alejandro VI.

1504 Segunda Legación de Maquiavelo en Francia para hacer frente al poder español de Nápoles. Misión a Piombino. Maquiavelo publica un poema de 500 versos: *La primera decenal*.

1505 Misión de Maquiavelo a Mantua. Misión ante el ejército florentino que sitia Pisa.

1506 Diversas misiones de Maquiavelo por el territorio de la República. Segunda legación de Maquiavelo ante el papa Julio II, al que seguirá en su expedición guerrera.

1507	Maquiavelo es enviado a Piombino, a Siena y a Bolzano.
1509	Misión de Maquiavelo ante el ejército que sitia Pisa. Legación en Mantua, en Verona. Publica *La segunda decenal.*
1510	Tercera legación de Maquiavelo en Francia. Legación en Siena.
1511	Comisión de Maquiavelo ante Luciano Grimaldi en Mónaco. Cuarta legación de Maquiavelo en Francia. Maquiavelo es comisionado para reclutar tropas en el territorio de la República.
1512	Misión de Maquiavelo en Pisa. Regreso de los Médici a Florencia y destitución de Maquiavelo.
1513	Maquiavelo es apresado y liberado después de meses. Se exilia de Florencia y marcha a su casa de campo en San Casciano. Sostiene una activa correspondencia con su amigo Francisco Vettori. Escribe *De principatibus* y trabaja al mismo tiempo en los *Discursos sobre la primera década de Tito Livio.*
1514	Gran actividad literaria.
1516	Ofrece a Lorenzo de Médici, duque de Urbino, el tratado de *El Príncipe.*
1518	Maquiavelo asiste regularmente a las reuniones literarias en los jardines del palacio Rucellai en Florencia. Lleva adelante su actividad literaria.
1519	Maquiavelo es encargado por el cardenal Julio de Médici,

futuro Clemente VII, de escribir la *Historia de Florencia*. Termina su libro *El arte de la guerra.*

1521   Misión confiada a Maquiavelo por el gobierno de los Médici, ante el capítulo de los Hermanos Predicadores de Carpi.

1525   Delegación de Maquiavelo a Venecia.

1526   Numerosas misiones de Maquiavelo ante el ejército de la Liga.

1527   Saqueo de Roma por las tropas imperiales mandadas por Carlos III, duque de Borbón y Condestable de Francia. Los Médici son echados de Florencia. Maquiavelo en misión en Civitavecchia ante el almirante Doria. Regresa enfermo a Florencia.

Muere el 22 de junio, a los 58 años. Es inhumado en Santa Croce.

1532   Publicación de *El Príncipe*, de *Los discursos y de La historia de Florencia*. Clemente VII había firmado un breve, el 23 de agosto de 1531, a favor del impresor pontificio Antonio Blado para que imprimiese las obras de Maquiavelo. Schopenhauer se consagra al magnetismo y hace suyas las teorías de Mesmer. Las muestras de reconocimiento se multiplican.

Prólogo a esta edición

Un príncipe ¿Maquiavélico?

España seguramente pueda ser el país donde más se cita un libro sin haberlo leído. Aunque no nos fustiguemos mucho, pues me temo que es algo humano, demasiado humano, que diría otro autor citado mal. Como Friedrich Nietzsche, del que siempre se le achaca aquello de «Dios ha muerto», con cierta burla, desprecio o para asentar alguna premisa que el citador tenga. Pero aún me falta por ver quien lo cite terminando esa frase: «Y nosotros lo hemos matado». Ni siquiera creo que encontremos mucha gente que sepa que es una frase extraída de la obra *La gaya ciencia*, ni su trasfondo politológico (¡no teológico!), centrado en aspectos fundamentales para cualquier sociedad organizada como son los valores. Ciertos conceptos o términos derivados de obras mal leídas o sacadas de contexto han trascendido ya de manera universal en todo Occidente. Y uno de ellos es, sin duda, el de *maquiavélico*. Especialmente dedicado a los políticos, pero también a todo aquel que antepone los fines a los medios de manera sibilina y amoral. Y todo, por supuesto, con referencia a esta pequeña en extensión, pero grande en cuanto trascendencia, obra de *El Príncipe*. Fruto de un autor, Nicolás Maquiavelo (en origen, Niccolò di Bernardo dei Machiavelli, en su lengua italiana natal), tan desconocido en su vida, como pretendidamente leído. Como el filósofo alemán.

Sorprende, además, que las referencias a esta obra italiana universal, que no pretendía una trascendencia fuera de las fronteras, no ya de Italia, sino de Florencia misma, incidan tanto en lugares comunes. Un tratado político fruto de la experiencia del autor en temas diplomáticos pero, sobre todo, de la necesidad personal. Lo que la convierte en una obra interesante cuando se junta el factor humano, tantas veces olvidado o dejado en la sombra, de los autores. Cuando se tiene por referencia un clásico de la educación como es el homónimo del ilustrado Jean-Jacques Rousseau, el lector ignora normalmente que, como suele decirse de manera más que coloquial, ¡estaba el suizo como para dar lecciones! Pues queriendo poner el foco en la importancia del sujeto a educar, como es el niño, teniéndose la obra del *Emilio* como precursora de los derechos del infante, en la vida personal el ginebrino tuvo cinco hijos en una situación de irresponsabilidad, dándolos todos y de manera sucesiva, según los iba teniendo, al hospicio. Un misógino (además) irredento que, sin embargo, es citado como fuente de bondad por los fines que parecen deducirse en su obra.

Es justo el caso contrario de nuestro Maquiavelo, cuyo apellido ha hecho que incluso se le tenga a él como alguien acorde a la presunta maldad que lleva implícita su obra. Aunque para nada su vida nos indica que fuera tan ruin, mezquino y calculador como se le ha querido pintar. ¡Pero es que tampoco su obra lo es! De hecho, según algunos autores, como el psiquiatra Vallejo-Nágera, «Maquiavelo fue hombre alegre, bondadoso y honesto». Es más, estudiando su trayectoria vital y a medida que se le conoce, despierta una simpatía de las que llevan a pensar que sería una de esas personas con las que merecería tener una distendida charla tomando un buen Montepulciano. Un hombre al que la vida le da y le quita como un Job del Renacimiento, y que lucha por hacerse un nombre y una carrera en el servicio público de una Italia dividida y convulsa, donde las *dagas florentinas* vuelan (metafórica y realmente) más que cualquier *maquiavélico* acto que pudiera uno pergeñar para mantenerse en el poder.

Una época de ambiciones y de personajes sin escrúpulos que, sinceramente, no fueron nada nuevo, pese a estar encuadrados en el rimbombante Renacimiento, ni ajenos a lo que es hoy la lucha por el poder en nuestros días. Pues el ser humano tampoco ha cambiado, hemos cambiado, a lo largo de estos milenios. Por eso nos resultan tan modernos libros como los *Consejos políticos*, de Plutarco, o el *Breviario de campaña electoral*, de Quinto Tulio Cicerón, hermano del famoso político Marco, para quien lo escribiera. Aunque, cierto es, en tiempos de mayor convulsión es normal que aparezcan hombres fuertes. Y obras necesarias para, ora explicar los actos de estos, ora para aconsejar la mejor manera de llevarlos a cabo. Es la época de los poderosos Médici en Florencia y de los Borgia en Roma. Y de un actor extraño al sur de la bota italiana, pero que lleva siendo decisivo, como es el reino de Aragón, representado en esos momentos en la figura de Fernando «el Católico».

Todos estos personajes trascienden en la vida de Nicolás para ser parte de su vida. Teniendo que enfrentarse a ellos como diplomático, estando y poniéndose a su servicio, o sirviéndole de referencia en sus escritos. En la vida del florentino estuvieron presentes suficientes vicisitudes para tener que poner en contexto lo que en su obra va a estar reflejado, pero no de un modo lacerante (que es lo que hubiera podido esperarse), sino como crítica y reflexión. Maquiavelo, pese a la fama, no creo que abogue por llevar a cabo acciones sin escrúpulos al margen de unos patrones éticos. Todo lo contrario. Aunque muestra lo que muchos años más tarde se llamará *realpolitik* por parte del canciller Otto von Bismarck (que acuña el término), y que acaba conduciendo a tomar decisiones que no deberían ser la más correcta, pero sí la más práctica, lamentablemente. La idea de la *raison d'État*, la razón de Estado como concepto aplicado, cuyo epítome más avezado fue el político francés Armand Jean du Plessis, más conocido como el cardenal Richelieu, parece beber de esta obra sin comprender que indicar que el mal menor pueda ser necesario a la hora de llevar a cabo una empresa ¡no deja de ser el mal!

Sorprende más bien que la obra de Maquiavelo en el fondo sea tenida como manual justificativo de quien quiere realmente argumentar sus acciones por un bien mayor, aunque el fin último quizá tenga como objetivo algo más espurio como el mantenimiento del poder, al margen del de la república al que se debe un gobernante. Incluso hay quienes han usado esta obra a contrario sensu, como es el caso de Federico II, «el Grande», de Prusia. Autor, curiosamente, de *El Antimaquiavelo, o Ensayo crítico sobre El príncipe de Maquiavelo*, prologado nada menos que por Voltaire. Ejemplo del despotismo ilustrado, la grandeza de su reinado y su brillantez militar no le exime de muchos hechos que más estarían acorde a los supuestos que el maquiavelismo defiende, más que a los que, con evidente ingenuidad juvenil, exponía en su obra escrita nada más llegar al poder con apenas 28 años.

En cualquier caso, es evidente la influencia, por tanto, de este casi opúsculo de Nicolás Maquiavelo en el pensamiento político europeo. De este modo lo vamos a ver reflejado y ser referente cruzado para las obras principales de autores de referencia como Hobbes (*Leviatán*, 1651) con relación al Estado; John Locke (*Dos tratados sobre el gobierno civil*, 1689), sobre el sistema político en general; Rousseau (*El contrato social*, 1762), sobre la relación misma entre los sujetos políticos; o incluso con Von Clausewitz (*De la guerra*, 1832), ya que la guerra estaría evidente y necesariamente presente en el análisis de *El Príncipe*. Resulta, sin embargo, curioso que siempre parezca quedar aparte la influencia de esta obra en las parejas surgidas en pleno apogeo del Imperio español. De este modo podemos encontrar un ejemplo que intenta refutar al autor italiano, casi justo un siglo más tarde, en la obra de un escritor español en extremo conocido, pero no precisamente en la política: la de Francisco de Quevedo. Autor en 1617 de *Política de Dios, gobierno de Cristo, sacada de la Sagrada Escritura para acierto del Rey y del reino en sus acciones*, en una mezcla de política y teología encaminadas a las buenas acciones de un gobernante. Pero es que sobre 1606 publicará su *Discurso de las privanzas*, en el que parece que muestra un camino al príncipe gobernante, completamente opuesto al que se deduciría del propuesto por Nicolás. Sobre este planteamiento, donde se ve claramente la influencia de la moral católica, también podremos encontrarnos al murciano Diego de Saavedra Fajardo, que en su *Idea de un Príncipe Político Christiano representada en cien empresas* (1640), retoma de manera académicamente más rigurosa que Quevedo, lo planteado por este.

Mención aparte sería la influencia en un aragonés cuyas obras se llegan a estudiar en los cursos de dirección de empresas norteamericanos, como las del aragonés Baltasar Gracián. Más conocido por *El Criticón*, sus obras sociales y políticas trascienden en mucho, como su *Oráculo manual y arte de prudencia* (1647), que sería llevada al alemán con admiración nada menos que por Arthur Schopenhauer. ¿En qué podremos ver coincidir a ambos pensadores, sin entrar en mayores honduras sobre el pensamiento de cada uno? En la figura del citado Fernando II de Aragón. Gracián escribirá en 1640 su *El político*, dedicada a este rey como modelo de gobernante. Pero, ¿escribió Maquiavelo su *El príncipe* pensando en el entonces bien conocido y temido rey aragonés? No parece, pese a lo que se suele decir, aunque sí que le tendrá como claro referente y ejemplo, en una mezcla que oscila entre la aparente admiración, y las reticencias por el modo de obrar de quien denomina como «rey de España». Observaremos una evidente crítica moralizante sobre Fernando, pero queriendo sacar claras enseñanzas para un príncipe que quiera alcanzar sus objetivos. ¿Sobre todo y sobre todos? No necesariamente, pues no es ese el aspecto ejemplarizante que quiere dar Maquiavelo, paradójicamente.

Maquiavelo puede ser tenido por pragmático, pero no por cruel. Dentro de las vicisitudes vitales iban a estar el exilio, quedar preso, ser torturado incluso, pasando a estar en una situación de holgura a la de la miseria en la que acaba malviviendo entre la caridad de un amigo que lo acoge por el día, y el de una prostituta que lo hace por las noches, pues no tiene mesa donde comer ni lecho donde descansar. Su pragmatismo le hace concebir esta obra como una forma, un medio, de volver a las esferas del poder poniendo sus conocimientos, experiencias y reflexiones, ante los poderosos que pudieran tomar en consideración que su buen juicio debería de estar de su lado. Junto a ellos. No es otra la razón que le mueve para escribir *El príncipe*, y hacérsela llegar a los Médici. Todo esto es bien conocido gracias a la correspondencia que tuvo con su buen amigo Francesco Vettori. Unas cartas que son de por sí un tratado de lo que es el ser humano, con sus flaquezas y miserias. Y de la personalidad de este filósofo, político, músico, *bon-vivant*, mujeriego, leal, y ejemplo de lo que la vida tiene como enseñanza. Pues su obra, en su intento de servirle como fructífera lanzadera tras haber caído en el ostracismo político y una misérrima situación, tuvo menos aceptación que la de un perro. Literalmente.

Pensada para ser llevada ante el poderoso Giuliano de Médici, hermano del más conocido Lorenzo, al que terminará dedicada, el día que se presentó con su manuscrito en la corte de la poderosa familia florentina, la llegada como obsequio de una rehala de perros de caza, le dejó postergado ante la más interesante presencia de los cánidos, que la de tener que aguantar la menesterosa petición de lectura de alguien venido a menos. No parece siquiera que lo llegaran a leer sus destinatarios. Y esta obra de tanta enjundia y trascendencia, como hemos visto, tampoco la vería publicada su autor, pues no sentirían los folios el peso de la imprenta hasta cinco años más tarde de su muerte. Triste final que, sin embargo, no lo fue en lo personal. Pues, como veremos, la vida de Maquiavelo transcurre por los meandros de la fortuna que, tantas veces esquiva, sobre todo cuando se porfía por ella, le esperaba a la vuelta del camino o, más bien, en el mismo, encontrándose en un encargo menor (pero necesario para su día a día), yendo a Venecia para una negociación menor y cuasi anecdótica, pero donde, por vaya uno a saber por qué, le dio por jugar a una especie de lotería del momento, ¡ganando la espectacular cifra de 20.000 ducados! Más de los sueldos de muchos años de trabajo previos. Lo que le permitió saldar cuentas y, al menos, no morir pobre como tantos otros políticos o autores de no tanto éxito en vida, suelen pasar a la posteridad de manera triste. Pues la gloria, tanto en minúsculas como en mayúsculas, a veces se encuentra cuando uno ha dado ya el gran salto allí donde tus actos y tus fines no tendrán ya más recorrido que el de tus obras. *Facta, non verba*, que dicen los clásicos.

Tienes ahora, pues, en tus manos, una obra que tal vez sea obra de un diablo nada menos, como ha quedado en el habla inglesa cuando se refieren al *Viejo Nicolas* citando al demonio, ¡con un nombre que tiene su origen en el de Maquiavelo! Y del que nuestro citado Gracián piensa, como reflejó en *El criticón*, que «¿Quién piensas tú que es este valiente embustero? Este es un falso político llamado el Maquiavelo, que quiere dar a beber sus falsos aforismos a los ignorantes». ¡De qué manera cuesta verle de otro modo! Tal vez esta obra haya devenido una herramienta para malvados. Tal vez una herramienta no es sino lo que el usuario haga con ella. Sin duda, la mejor manera de saber qué tan de perversa sea, no es otra que la de zambullirse en ella, y sacar nuestras propias conclusiones. Porque, tal vez también, a lo mejor el príncipe no resulte ser, en el fondo, tan maquiavélico.

Javier Santamarta del Pozo
Politólogo

Nota introductoria

Excepcionalmente la Cultura —con mayúscula de mundial— consagra con una nueva palabra, común en el léxico de todas las lenguas patrimoniales, la feliz creación conceptual de un individuo. Socrático, pitagórico, platónico, tomista, maquiavélico, cartesiano, kantiano, marxista, etc., son buenos ejemplos. Le cabe el honor al florentino Niccolò di Bernardo dei Machiavelli el haber inaugurado la serie de tratados modernos dedicados a la formación del príncipe en el sentido general de gobernante. Es precisamente, la creencia de que a gobernar se aprende, la razón por la que Maquiavelo —con su breve tratado— se convirtió en un revolucionario. En *El Príncipe* se enuncia lisa y llanamente la caducidad del principio cristiano de *rex gratia Dei.*

El Príncipe fue escrito por Niccolò Machiavelli entre julio y diciembre de 1513 en la villa llamada el Albergaccio, de San Andrea, en Percussina, cerca de San Casiano en el valle del Pesa, donde Maquiavelo se había retirado después de la caída de la República de Florencia y el regreso de los Médici. En 1512, tras la retirada de los franceses de Italia, se restauró de hecho el poder de los Médici en Florencia y Maquiavelo, que era un funcionario de la república desde hacía catorce años, fue primero despedido y luego acusado de tomar parte en una conspiración contra la poderosa familia. De resultas de estas acusaciones fue detenido y confinado en el Albergaccio. A pesar de sus reiterados intentos y de su desbordada pasión por la política, nunca más en el resto de su vida, pudo ocupar ningún cargo público. Esta forzada inactividad nunca fue aceptada de buen grado por Maquiavelo y, como no pudo actuar directamente sobre la realidad social y política de su país, se dedicó a redactar obras de historia y tratados políticos para poder influir en los hombres más poderosos de su tiempo.

La redacción de *El príncipe* la inició cuando circulaban rumores sobre las intenciones que tenía el papa León X de crear un estado para los nietos de Giuliano y Lorenzo de Médici. Para contrarrestar estos rumores se dispuso a escribir los *Discursos sobre la primera década de Tito Livio* y a redactar un breve tratado en el que volcar sus experiencias políticas. Al frente del tratado, no antes de 1516, incluyó una dedicatoria a Lorenzo de Médici con la esperanza de regresar a Florencia y así conseguir cierto protagonismo en la vida pública florentina o italiana. Nada de ello fue posible. La obra se publicó póstumamente en 1532, distribuida en veintiséis capítulos muy trabados entre sí. Su estructura está muy bien trazada y permite, con toda facilidad, identificar el tema que se desarrolla a lo largo de varios capítulos y las relaciones que se establecen entre los distintos bloques temáticos.

Arranca con una somera clasificación de los distintos tipos de principados que pueden existir y los analiza en los diez capítulos siguientes: principados por herencia y principados nuevos, con o sin nuevos territorios anejados. De especial interés son las reflexiones de los capítulos VI-X en los que trata de los nuevos principados conseguidos por las armas —propias o ajenas—, por la violencia delictiva, por el favor del pueblo, y de qué modo pueden ser mantenidos. En estos cinco capítulos expone la idea de que, solo desde la creación de un nuevo principado, podrá Italia escaparse de su miserable condición de país a merced de los poderes extranjeros.

En el undécimo capítulo se trata exclusivamente de la «rareza» de los estados eclesiásticos: los príncipes de la Iglesia tienen estados y no los defienden, y tienen súbditos y no los gobiernan. Pero desde Alejandro VI el poder temporal de los pontífices va a ser definitorio en toda Italia.

En el bloque formado por los capítulos XII y XIII se tratan los problemas de los ejércitos, de los mercenarios y de la necesidad que tiene el príncipe de unas milicias que le garanticen el poder en su principado.

Del XV al XXIII se ocupa de la figura del príncipe y de las virtudes que ha de poseer. En estas páginas desarrolla su famosa teoría de que las virtudes obligatorias para un príncipe son las exclusivamente necesarias para mantener el estado, sin tener en cuenta las tradicionales consideraciones y normas éticas. Maquiavelo era consciente de la novedad de sus argumentos y los presenta con la única intención de atenerse a la realidad de los hechos. Rebate las tesis de los historiadores y filósofos anteriores por considerar que hablan y escriben sobre repúblicas y principados que realmente no existen.

Para que un príncipe gobierne con posibilidades de éxito ha de ser práctico: es mejor que sea ahorrador que liberal, que no disipe las riquezas del estado y se vea obligado a gravar con impuestos fuertes a sus súbditos; es preferible que sea cruel que piadoso, que sea temido que amado, pero no respetado; es mejor que no mantenga la palabra dada si no fuera conveniente; en sus actividades de gobierno el príncipe debe guiarse solo por el fin.

En los tres últimos capítulos trata de la situación en Italia y de las causas por las que los príncipes italianos han perdido sus estados, la influencia de la «buena» fortuna y las recomendaciones para que un italiano libere su país. Este capítulo final es una exhortación a la sublevación contra los poderes españoles y franceses que dominaban la península italiana en tiempos de Maquiavelo. Estos párrafos finales tienen una carga emocional que los diferencia grandemente del tono de rigor lógico y análisis crítico que impera en todo lo anterior.

El elemento más llamativo de *El Príncipe*, y el que más se discutió, es sin duda, la defensa de una efectiva separación entre la esfera política y la esfera de la moralidad. Los actos de gobierno de un príncipe deben regirse solo por presupuestos políticos y dejar a un lado la moral y la religión. Solo desde la perspectiva de la utilidad puede ser juzgada la trayectoria de un jefe de Estado.

Maquiavelo, hijo del siglo XVI italiano, con sus luchas de facciones en beligerancia perpetua, se aplicó en buscar y formular un modo novedoso de enfrentarse a la natural maldad humana y a su inmutabilidad. Puede que la masa del pueblo solo sea vista como una mole amorfa sobre la que actuar y que el hombre, como individuo, no aparezca como sujeto de derechos. En realidad, y hay que remarcarlo, *El Príncipe* fue concebido y escrito como una guía para los dirigentes italianos del XVI para que tuvieran una vía de solución a las seculares luchas intestinas que los tenían condenados a sufrir el poder extranjero.

M.P.S

La traducción de
Alberto Lista

El texto que publicamos, debidamente actualizado en su ortografía, apareció impreso en Madrid, en 1821, «En la Imprenta de D. León Amarita, Carrera de san Francisco, número 1» con el título de *El príncipe de Nicolás Maquiavelo, traducido del toscano al español* y sin referencia directa del autor de la traducción.

En la página XVIII del prólogo de dicha edición se incluye una nota en la que se puede leer:

«Al que hubiere leído el número 20 del *Censor*, periódico político y literario de esta capital, no será necesario advertirle que esta es la traducción castellana anunciada en él, la cual se ha corregido en diferentes épocas, aunque no se había pensado en imprimirla, sirviéndose principalmente el traductor de la última versión francesa, que sin disputa es la mejor, aunque algo difusa y poco literal, impresa en París con comentarios supuestos o ciertos de Bonaparte en el año de 1816. De esta última versión se han tomado muchas de las notas que ilustran el texto del autor en la castellana».

En estas cuantas líneas se da noticia velada del responsable de la traducción, del texto que se utiliza de referente y del origen de la notas que acompañaban la traducción. En resumen, se *adivina* que es Alberto Lista, editor y director de *El Censor*, quien ha traducido desde la versión francesa, tenida en aquel momento por la más completa de las traducciones que circulaban por Europa. [Véase la nota de las pág. 157-158].

En la página 111 del número 20 de *El Censor* se anuncia —con toda suerte de precauciones— la próxima publicación de *El Príncipe* de Maquiavelo sin poder concretar la fecha («está todavía tan reciente y delicado el uso de la libertad de imprenta») y poniendo de relieve lo que de adelanto es el «poderla anunciar impunemente»:

«Alguno tiene hecha de esta obra difícil y obscura una traducción del toscano al español, que le ha costado tanto mayor trabajo, cuanto que quiso aprovecharse de los retazos de la misma que encontraba traducidos literalmente en las de los escritores clásicos españoles; pero como nos espanta tanto el nombre de Nicolas Maquiavelo, *cui nullum par elogium*, según se contiene en el epitafio que le mandó poner el gran duque Pedro Leopoldo, y por otra parte está todavía tan reciente y delicado el uso de la libertad de imprenta, no nos atrevemos a fijar la época en que se dará a luz. No es tan poco lo que llevamos ya ganado con poderla anunciar impunemente, confesando sin reparo un delito tan enorme y escandaloso».

El número aludido de *El Censor, periódico político y literario*, publicación editada por Alberto Lista, Sebastián de Miñano y Gómez Hermosilla, es de 16 de diciembre de 1820. Estamos en el primer año del Trienio Liberal inaugurado con el levantamiento de Rafael de Riego en Las Cabezas de San Juan (enero de 1820). No son de extrañar las precauciones que se toma el *anónimo* traductor. No obstante, un año más tarde, en la imprenta de León Amarita, aparece la anunciada traducción de *El Príncipe*, sin nombre en su frontis, pero con la clarificadora nota para sus avisados lectores. Desde su aparición en italiano en 1532, y desde su inclusión en el *Index librorum prohibitorum*

(1559), el texto doctrinal que más comentarios, descalificaciones y censuras habría de sufrir en la Edad Moderna no estaba al alcance del lector general de España. Las siguientes traducciones —tan anónimas como esta de 1821— aparecen en 1842 (traducida por B.), 1854 y 1872 (sin traductor reconocido) hasta las ya reconocidas de 1887, de Antonio Zoraya, y la de 1924, de José Sánchez Rojas.

Bibliografía

A) Principales obras de Nicolás Maquiavelo

- 1504. *Primer decenal.* Crónica en versos de los acontecimientos de Florencia y de Italia en el decenio de 1494 a 1504.
- 1514 *Segundo decenal.* Crónica sucesiva que abarca los años 1505 a 1509; inconcluso.
- 1513-c. 1515. *De principatibus. Tratado de política.*
- 1513-1517. *Discorsi sopra la prima deca di Tito Livio.* Escritos sobre política utilizando, principalmente, los diez primeros libros del historiador romano Tito Livio. *El príncipe.*
- 1517. *Belfagor o El diablo que tomó esposa.* Fábula.
- 1517. *El asno.* Fantasía inconclusa en tercia rima sobre la *Metamorfosis.*
- 1517. *Andria.* Comedia. *La muchacha de Andros*, del dramaturgo romano Terencio, traducido al italiano.
- 1518. *La mandrágora.* Obra de Teatro.
- 1520. *La vida de Castruccio Castrani.* Biografía corta.
- 1520. *Discursus o Discursos sobre los asuntos públicos de Florencia después de la muerte de Lorenzo el joven.* Propuesta para una nueva constitución.

- 1521. *El arte de la guerra.* Libro en forma de diálogo.
- 1520-1525. *Historias florentinas.* Historia desde 375 a 1492.
- 1525. *Cliza.* Comedia basada en *Casina* del dramaturgo romano Plauto.
- 1525-1527. *Exhortación a la penitencia.* Sermón para una cofradía.

Estudios sobre Nicolás Maquiavelo

ÁGUILA TEJERINA, RAFAEL DEL: «Maquiavelo y la teoría política renacentista», capítulo II del segundo volumen de la *Historia de la Teoría Política* (Fernando Vallespín ed.), Alianza Editorial, Madrid, 1990.

AROCENA, LUIS A.: *El maquiavelismo de Maquiavelo*, Seminarios y eds., 1975.

ARTEAGA NAVA, ELISUR: *Maquiavelo. Estudios jurídicos y Sobre el poder*, Oxford University Press, Londres, 2001.

BERLIN, ISAIAH: *Contra la corriente: ensayos sobre historia de las ideas*, FCE, México, 1979.

BERMUDO ÁVILA, JOSÉ MANUEL: *Maquiavelo, consejero de príncipes*, Universidad de Barcelona, Barcelona, 1994.

CHÂTELET, F., O. DUHAMEL y E. PISIER-KOUCHNER: *Historia del pensamiento político,* Tecnos, Madrid 1987.

CLAFLIN MANSFIELD, HARVEY: *Maquiavelo y los principios de la política moderna: un estudio de los «Discursos sobre Tito Livio»,* Fondo de Cultura Económica, México, 1983.

CONDE, FRANCISCO JAVIER: prólogo a «El saber político en Maquiavelo», *Revista de Occidente*, Madrid, 1976.

MEINECKE, F.: *La idea de la razón de Estado en la Edad Moderna,* Centro de Estudios Constitucionales, Madrid, 1983.

MAQUIAVELO, NICOLÁS: *Del arte de la guerra*, Tecnos, Madrid, 2008.

MAQUIAVELO, NICOLÁS: *El príncipe*, ed de Manuel M.ª de Nicolás Artaza, trad. de Fernando Doménech, Itsmo, Tres Cantos (Madrid), 2000.

MAQUIAVELO, NICOLÁS: *El príncipe*, edición, traducción y estudios preliminares de A. Hermosa Andújar, Prometeo Libros, Buenos Aires, 2007.

POCOCK, J. G. A.: *El momento maquiavélico*, trad. Marta Vázquez-Pimentel y Eloy García, Tecnos, Madrid, 2002.

PASTOR PÉREZ, MIGUEL ANTONIO: *El arte de la simulación: estudio sobre ciencia y política en Nicolás Maquiavelo*, O.R.P. Colección Raigal, Sevilla, 1994.

QUINTERO LÓPEZ, RAFAEL: *Una lectura latinoamericana de Nicolás Maquiavelo*, Abya-Yala, Quito, 2003.

ROMERO, JOSÉ LUIS: *Maquiavelo historiador*, Siglo XXI, Buenos Aires, 1986

SINGER, ANDRÉ: «Maquiavelo y el liberalismo: la necesidad de la república» en *La filosofía política moderna. De Hobbes a Marx*, Consejo Latinoamericano de Ciencias Sociales, Buenos Aires, 2000.

SKINNER, QUENTIN: *Maquiavelo*, Alianza, Madrid, 2008. Villari, *Pasquale: Maquiavelo*, Grijalbo, Barcelona, 1975.

El
Príncipe

Dedicatoria

NICOLAUS MACLAVELLUS AD MAGNIFICUM LAURENTIUM MEDICEM

[NICOLÁS MAQUIAVELO AL SERENÍSIMO
LORENZO DE MÉDICIS*]

Los que se proponen alcanzar el favor de un príncipe, suelen regalarle cosas que sean de su agrado, cuando no pueden ser aquellas que más desea; y así unos le ofrecen caballos, otros armas; estos telas de oro, y aquellos piedras preciosas u otras alhajas igualmente dignas de su grandeza.

Ahora pues yo queriendo dar a V. A. una muestra de mi reconocimiento, he considerado que entre las cosas que poseo, ninguna tengo más preciosa ni de la que pueda hacer mayor caso, que del conocimiento de la conducta de los mayores estadistas que han existido. Esta corta ciencia ha sido el producto de una experiencia muy larga de las terribles vicisitudes políticas de nuestra edad, y de una lectura continua de los historiadores antiguos. Después de haber examinado mucho tiempo los actos de aquellos claros varones, y de haberlos meditado con la más profunda atención, he recogido todo el fruto de un trabajo tan penoso en este pequeño volumen que remito a V. A.

Aunque la obra por su valor no sea digna de presentarse a V. A., todavía espero que la cogerá favorablemente, considerando que no podía hacerle regalo más escogido que un libro en el cual podrá V. A. aprender en pocas horas cuanto he necesitado yo estudiar durante muchos años, empleando largas vigilias y corriendo gravísimos peligros.

Quisiera sin embargo que no se tuviese por demasiada presunción en un hombre de inferior clase, o baja si se quiere, el atrevimiento de dar reglas a los príncipes sobre el arte de reinar. El pintor que necesita dibujar la perspectiva de un país, subirá ciertamente a las montañas más latas para ver desde allí mejor los hondos valles; pero tampoco hay duda de que bajará a estos para reconocer con perfección los arranques y los senos de los cerros y lugares elevados. Del mismo modo en la política, un príncipe está mejor situado para conocer la naturaleza de los pueblos, y para conocer la de los príncipes se alcanza más desde las clases particulares.

Reciba pues V. A. esta corta expresión con la misma bondad de ánimo que me mueve a ofrecérsela; y cuando quiera leer con cuidado esta obrita, al instante reconocerá el vivísimo deseo que tengo de verlo llegar a la elevación que le prometen su destino y prendas eminentes. Si al mismo tiempo se digna V. A. de bajar sus ojos hasta la oscuridad en que me veo, reconocerá sin trabajo el injusto rigor con que me trata constantemente la fortuna.

Capítulo I

QUOT SINT GENERA PRINCIPATUUM ET QUIBUS MODIS ACQUIRANTUR.

[CUÁNTOS GÉNEROS HAY DE PRINCIPADOS Y POR QUÉ MEDIOS SE ADQUIEREN]

Todos los estados, todas las soberanías que tienen o que han tenido autoridad sobre los hombres, han sido y son, o repúblicas o principados. Los principados son, o hereditarios en la misma casa que reina desde largo tiempo, o nuevos.

Entre los principados nuevos, los unos, o son enteramente nuevos, como lo era el de Francisco Esforcia en Milán[1], o son como miembros reunidos al estado hereditario del príncipe que los adquiere: tal es el reino de Nápoles con respecto al rey

---

[1] Hijo natural de Sforza (Attendolo): nació en 1401, siguió a su padre en muchas campañas y con su buena maña hizo suyo el ejército que aquel había formado, a cuyo frente peleó en Lombardia con el célebre Carmañola. Tomó la marca de Anona en 1434 al papa Eugenio IV, y la constituyó en estado independiente; y, por último, de protector que era, llegó a ser conquistador del ducado de Milán. Falleció en 1466.

de España[2]. Los estados adquiridos de este modo, o vivían bajo un príncipe, o gozaban de su libertad. El señorío absoluto se consigue, o por las armas del que le ocupa, o por las de otro, o por algún caso afortunado, o por valor y talento.

---

[2] Sabido es que el reino de Nápoles estuvo ligado con alguna corona española en los siglos XV, XVI, XVII y primer tercio del XVIII.

Capítulo II

DE PRINCIPATIBUS HEREDITARIIS

[DE LOS PRINCIPADOS HEREDITARIOS]

No hablaré ahora de las repúblicas, habiéndolo hecho ya en otra obra con extensión[1], y solo fijaré la consideración en los principados, siguiendo las divisiones que acabo de indicar, para examinar el modo de gobernar y de conservar estos diferentes estados.

Es preciso convenir desde luego en que es mucho menos difícil mantener los estados hereditarios, acostumbrados a la familia de su príncipe, que los estados nuevos. En efecto, el príncipe hereditario no necesita más que una capacidad regular para mantenerse siempre en sus estados; y no hay duda de que lo conseguirá, sometiéndose a la imperiosa necesidad de los tiempos en que vive, y no saliendo voluntariamente del orden y método establecidos por sus predecesores, a no venir a despojarle una fuerza infinitamente superior: aun en este último caso podrá volver a recobrarlos a pocos reveses de fortuna que sufra el que los ocupe después de él. Tenemos un ejemplo de esto dentro de

---

[1] En sus discursos sobre Tito Livio.

Italia en la persona del duque de Ferrara[2], el cual pudo resistir a los venecianos en el año de 1484, y al papa Julio II, en el de 1510, solamente porque era un soberano antiguo en este ducado. El príncipe natural debe ser más amado, no teniendo tanta ocasión y necesidad de vejar a sus súbditos; y es regular también que estos le tengan inclinación, no haciéndose aborrecible por vicios extraordinarios. La misma antigüedad y duración de un gobierno desvanece los deseos y disminuye las ocasiones de mudarle, porque toda mudanza tiene sus inconvenientes, y deja sentados los cimientos para otra nueva.

---

[2] Alfonso de Este, a quien Julio II excomulgó y quiso despojar de su ducado.

Capítulo III

DE PRINCIPATIBUS MIXTIS

[DE LOS PRINCIPADOS MIXTOS]

Síguese, pues, que las dificultades más grandes se encuentran en el principado nuevo, al cual podrá llamarse *soberanía mixta,* cuando no es nuevo absolutamente, sino como un miembro incorporado a otra soberanía. Estas mismas dificultades nacen de las variaciones que ocurren naturalmente en los principados nuevos; porque, si al principio los vasallos se prestan con gusto a mudar de señores, creyendo que el cambio es ganancioso, y, llevados de esta opinión, toman las armas contra aquel que los gobierna, suelen engañarse, y no tardan luego en reconocer que su situación empeora cada día, siendo muchas veces los males que experimentan consecuencia necesaria de la mudanza. En efecto, todo príncipe nuevo se ve precisado a vejar más o menos a sus nuevos súbditos, ya sea con la permanencia de las tropas que necesita mantener en el país, ya con otra infinidad de incomodidades que acarrea siempre la nueva adquisición. Así es que este príncipe tiene por enemigos a todos aquellos que han perjudicado con la ocupación del señorío, y no puede conservar en su amistad a los que le han colocado en él; porque ni puede llenar las esperanzas que tenían concebidas, ni valerse abiertamente de medios violentos contra aquellos mismos a quienes debe estar reconocido; puesto que un príncipe, aunque tenga fuerzas, necesita del favor y benevolencia de los habitantes para entrar y mantenerse en el país adquirido. Por esta razón, Luis XII de Francia perdió el estado de Milán tan presto como lo ganó; y Luis Sforza lo recuperó, la primera vez, solo con presentarse delante de las puertas de aquella ciudad: como que el pueblo, que se las había abierto al rey, desengañado bien pronto de la esperanza que tenía concebida de mejorar su suerte, se cansó al instante del príncipe nuevo.

Es cierto también que no se pierde con tanta facilidad un país rebelde, después de haber sido reconquistado, porque el príncipe, a pretexto de la rebelión, no repara tanto en usar de aquellos medios que pueden asegurarle la conquista; y así castiga a los culpables, atiende más a contener los sospechosos y se fortifica hasta en los lugares de menor peligro. Por esta razón, si la primera vez Luis Sforza no necesitó más que acercarse a las fronteras del Milanesado para quitárselo a los franceses, la segunda, para apoderarse del mismo estado, tuvo necesidad de juntarse con otros soberanos, y de destruir los ejércitos franceses y arrojarlos de Italia. La diferencia proviene de los motivos que acabamos de indicar.

Lanzado dos veces del estado de Milán su nuevo señor, y habiendo indicado las causas generales por lo que lo perdió la primera vez, resta examinar ahora las faltas que motivaron la segunda desgracia del rey de Francia, y tratar de los medios que hubiera debido emplear aquel príncipe para no perder su nuevo estado; medios que son aplicables a cualquier otro príncipe que se hallare en circunstancias semejantes.

Supongo desde luego que un soberano quiere reunir a sus antiguos dominios otro estado nuevamente adquirido. Lo primero que se debe considerar es si este último confina con los otros, y se habla en ambos la misma lengua o no. En el primer caso, es muy fácil conservarlo, sobre todo si los habitantes no están acostumbrados a vivir libres; porque entonces, para asegurar la posesión, basta haberse extinguido la línea de sus antiguos príncipes, y por lo demás, conservar sin alteración sus usos y costumbres. De este modo se mantendrán tranquilos bajo el dominio de su nuevo señor, a no existir entre ellos y sus vecinos una antipatía nacional. Así hemos visto fundirse en Francia, sucesivamente, Borgoña, Bretaña, Gascuña y Normandía; porque, aunque hubiese alguna diferencia en la lengua de estos pueblos, podían conciliarse entre sí, siendo muy parecidos en sus usos y costumbres. El soberano que adquiere esta clase de estados necesita atender a dos cosas solamente, si quiere conservarlos: la primera es, como queda dicha, el que se haya extinguido la antigua dinastía; y la otra, que no altere sus leyes, ni aumente las contribuciones. De este modo se reúnen y confunden insensiblemente los estados nuevos con el antiguo, y en poco tiempo no forman más que uno solo.

Las mayores dificultades se encuentran cuando en el país nuevamente adquirido, la lengua, las costumbres y las inclinaciones de los habitantes son diferentes de las de los súbditos antiguos: entonces, para conservarlo, se necesita tener tanta fortuna como habilidad y prudencia.

Uno de los arbitrios más eficaces y preferibles con que el nuevo soberano hará más durable y segura la posesión de semejantes estados, será fijar en ellos su residencia. De este medio se valió el turco respecto a Grecia; país que jamás hubiera podido mantener bajo su dominio, por más precauciones que hubiera tomado, si no se hubiese decidido a vivir en él. En efecto, cuando el soberano está presente, ve nacer los desórdenes, y los remedia al instante; pero estando ausente, muchas veces no los conoce hasta que son tan grandes que ya no puede remediarlos. Además de esto, la nueva provincia se ve de esta suerte libre de los robos y vejaciones irritantes de los gobernadores, y en todo caso logra las ventajas de un pronto recurso a su señor, el cual tiene así más ocasiones de hacerse amar por los nuevos súbditos, si se propone obrar bien, o de hacerse temer, si quiere portarse mal. Agréguese que, cuando un extranjero quisiere invadir el nuevo estado, se hallaría detenido por la dificultad suma de quitárselo a un príncipe vigilante, que reside en él.

Será otro medio excelente enviar colonias de súbditos antiguos a una o dos plazas, que serán como la llave del país conquistado: medida indispensable, a no mantener allí un número crecido de tropas. Estas colonias cuestan poco al príncipe, y solo serán gravosas a aquellos individuos particulares que le inspirasen recelos, o que tratase de castigar, despojándoles de sus haciendas y dándoselas a otros moradores nuevos más seguros. De este modo, como siempre es corto el número de los despojados, y estos en adelante no podrán causar daño por haber quedado pobres y dispersos, se logra más fácilmente que se mantengan sosegados todos los demás, como suelen estarlo por lo regular, no habiendo sufrido perjuicio alguno, y temiendo, si llegan a inquietarse, la suerte de los primeros. Concluyo, pues, que estas colonias son menos costosas y más fieles al príncipe, sin necesidad de más castigos, ni despojos que los que al principio hiciese, como hemos dicho. Y aquí debo advertir que es necesario ganar la voluntad de los hombres, o deshacerse de ellos; porque, si se les causa una ofensa ligera, podrán luego vengarla; pero arruinándolos, aniquilándolos, quedan imposibilitados de tomar venganza. La seguridad del príncipe exige que la persona agraviada quede reducida al extremo de no poder inspirar recelos en lo sucesivo.

Pero si en lugar de colonias mantiene el soberano un número crecido de tropas en el nuevo estado, gastará infinitamente más y consumirá todas las rentas del país en su defensa; de suerte que la adquisición le traerá más pérdida que ganancia. Los daños que causa este último arbitrio son tanto mayores cuanto se extienden indistintamente a la universalidad de los habitantes, molestándolos con las marchas, alojamientos y tránsito continuo de los militares: incomodidad que alcanza a todos, y que, al cabo, hace a todos enemigos del príncipe, y enemigos peligrosos, porque, aunque estén sujetos y subyugados, permanecen en sus propios hogares. En fin, no hay razón que no persuada de que es tan útil este último sistema de defensa como ventajoso el de las colonias que hemos propuesto.

Debe también el nuevo soberano de un estado distante, y diferente del suyo, constituirse en defensor y jefe de los príncipes vecinos más endebles, y estudiar cómo ha de debilitar al estado vecino que sea más poderoso; impidiendo sobre todo que ponga allí los pies cualquier extranjero que tenga tanto poder como él; porque sucederá a las veces que llamen a alguno los mismos descontentos, o por miedo, o por ambición, como los de Etolia llamaron a Grecia a los romanos, y como siempre fueron llamados estos últimos por los habitantes del país en todas las provincias donde entraron. La razón es muy sencilla, pues al extranjero recién venido se le reúnen siempre los menos fuertes, por cierto motivo de envidia que los anima contra el más poderoso. Aquel no tiene que hacer esfuerzo ni gasto alguno en los estados pequeños para atraer a su partido a estos últimos, los cuales al instante forman cuerpo con él: debe atender únicamente a que no tomen mucha fuerza, al paso que con sus tropas procurará debilitar y abatir a los fuertes y poderosos, para hacerse y mantenerse siempre dueño independiente del país. El que no sepa valerse de estos arbitrios, bien pronto perderá cuanto hubiere adquirido, y experimentará innumerables dificultades y trabajos mientras lo conservare.

Con gran cuidado empleaban los romanos, en las provincias de que se hacían dueños, los medios que acabamos de apuntar: a ellas enviaron colonias; sin acrecentar sus fuerzas, sostuvieron a los príncipes menos poderosos; disminuyeron las de aquellos que podían infundirles temor, y nunca permitieron que un extranjero poderoso adquiriese en ellas la menor influencia. Tomando por ejemplo la provincia de Grecia, observamos desde luego cómo sostuvieron en ella a los pueblos de Etolia y de Acaya; debilitaron el poder de los macedonios; lanzaron de allí a Antíoco; por más servicios que recibieran de los aqueos y etolios, jamás les permitían el menor aumento de dominación; desatendieron constantemente todos los medios de persuasión que empleó Filipo, no queriendo admitir la amistad suya, sino para debilitar su poder; y siempre temieron demasiado a Antíoco para consentirle que conservase señorío alguno en aquella provincia.

Hicieron, pues, los romanos en esta ocasión lo que debe hacer todo príncipe prudente; el cual no solo acude al remedio de los males presentes, sino que también precave los que están por venir. Cuando los males se prevén anticipadamente, admiten remedio con facilidad; pero, si se espera a que estén encima para curarlos, no siempre se logra el remedio, haciéndose a veces incurable la enfermedad. En los principios la tisis es fácil de curar, y difícil de conocer; mas, si no se conoce, ni cura en su origen, con el tiempo viene a hacerse una enfermedad tan fácil de conocer como difícil de curar. Este ejemplo, sacado de la medicina, puede aplicarse exactamente a los negocios de estado, porque, habiendo la debida previsión, talento que únicamente tienen los hombres hábiles, los males que pueden sobrevenir se remedian pronto; pero cuando, por no haberlos previsto al principio, llegan luego a tomar tanto incremento que todo el mundo los advierte y conoce, ya no tienen remedio.

Por eso los romanos, que preveían los peligros antes que llegaran, se aplicaban a precaverlos con celeridad, sin dejarlos agravarse o empeorarse por evitar una guerra. Sabían muy bien que una guerra en amago, al fin no se evita, sino que se dilata, con gran ventaja siempre del enemigo. Ajustados a estos principios, decretaron prontamente la guerra contra Filipo y contra Antíoco en Grecia, por no tener que defenderse de estos mismos soberanos en Italia. Es cierto que pudieron entonces no tenerla con ninguno de los dos; pero no quisieron tomar ese partido, ni seguir la máxima de ganar tiempo, que tanto recomiendan los sabios de nuestros días. Usaron únicamente de su prudencia y de su valor, porque, en efecto, el tiempo todo lo arrastra, y puede traer tras de sí tanto el bien como el mal, y el mal como el bien. Volvamos ahora a Francia y examinemos si en algún modo siguió los principios que acabamos de exponer. No hablaré de Carlos VIII, sino de Luis XII, que, por haber dominado más largo tiempo en Italia, nos dejó vestigios mejor señalados para que podamos llevar más adelante la observación de su conducta, en la que echaremos luego de ver que hizo cabalmente lo contrario de lo que convenía para conservar un estado tan distinto del suyo.

Luis fue llamado a Italia por la ambición de los venecianos que intentaban servirse de él para apoderarse de la mitad de Lombardía. No reprobaré yo esta entrada del rey en Italia, ni el partido que entonces tomó; porque a la sazón, no teniendo amigos en aquel país, y habiéndole cerrado todas las puertas la mala conducta de su antecesor Carlos VIII, tal vez le sería indispensable aprovecharse de aquella alianza que se le presentaba para volver a entrar en Italia como quería; y hubiera sido favorable el éxito de su empresa, si hubiese sabido conducirse después. En efecto, este monarca recobró al instante Lombardía, y con ella el crédito que había perdido Carlos. Génova se sometió, los florentinos desearon y obtuvieron su amistad, y todos los demás estados pequeños se apresuraron a pedírsela, como el marqués de Mantua, el duque de Ferrara, los Bentivoglio (señores de Bolonia), la condesa de Forlí, los señores de Faenza, Pésaro, Rímini, Camerino, Piombino y los de Luca, Pisa y Sena.

Entonces los venecianos llegaron a conocer su imprudencia y el partido temerario que habían abrazado; como que, por adquirir dos plazas en Lombardía, daban al rey de Francia el dominio de las dos terceras partes de Italia.

¿Y cuán fácilmente hubiera podido el rey, conociendo y sabiendo seguir las reglas anteriormente indicadas, mantenerse poderoso en Italia, y conservar y defender a sus amigos? Estos, aunque numerosos y fuertes, temían a la Iglesia y a los venecianos, y debían por su propio interés mantenerse unidos a él: Luis podía también con sus socorros fortificarse fácilmente para rechazar a cualquier otra potencia peligrosa. Mas, apenas entró en Milán, siguió el sistema opuesto, dando socorro al papa Alejandro para invadir Romania. No conoció que, obrando así, se debilitaba a sí mismo; que se privaba de los amigos que se habían arrojado a sus brazos; y que engrandecía a la Iglesia, añadiendo al poder espiritual, que le daba ya tanta fuerza, el temporal de un estado tan considerable. Cometida esta falta primera, tuvo luego necesidad de llevarla adelante hasta el punto de verse precisado a volver a Italia para poner límites a la ambición del mismo Alejandro, e impedir que se apoderase de Toscana.

No contento con haber aumentado el poder de la Iglesia, y después de haber perdido sus aliados naturales con el deseo de enseñorearse del reino de Nápoles, hizo la locura de partirlo con el rey de España; y así, siendo él antes árbitro único de Italia, se creó en ella un rival, un concurrente, a quien pudiesen recurrir los descontentos y los ambiciosos; y pudiendo haber dejado en este reino un rey que hubiese sido tributario suyo, le echó de allí, para poner otro en su lugar con bastante poder para echarle a él mismo.

Es tan natural como común el deseo de adquirir, y los hombres más bien son alabados que reprendidos cuando pueden contentarlo; pero aquel que solo tiene deseos y carece de medios para adquirir, es un ignorante y digno de desprecio. Si el rey de Francia podía con sus propias fuerzas atacar al reino de Nápoles, debía hacerlo; pero si no podía, a lo menos no lo debía dividir; pues aunque el repartimiento de Lombardía con los venecianos merezca alguna excusa, porque estos le habían proporcionado el medio de entrar en Italia, el repartimiento de Nápoles solo merece censura, porque no había motivo que lo aconsejara.

Cometió, pues, el rey Luis cinco faltas absurdas en Italia: aumentó la fuerza de una potencia grande, y destruyó las potencias pequeñas; llamó a un extranjero muy poderoso; no vino a vivir en Italia, ni hizo uso de las colonias. A pesar de estos errores, todavía hubiera podido sostenerse, a no haber cometido el sexto, que fue despojar a los venecianos. Es verdad que, si no hubiera engrandecido el estado de la Iglesia, ni llamado a Italia a los españoles, hubiera sido necesario debilitar los estados de Venecia; pero jamás debía consentir su ruina, habiendo tomado el primer partido. Manteniéndose los venecianos poderosos, hubieran impedido que los otros soberanos formasen designios contra Lombardía, ya porque no lo hubieran consentido, no pudiendo ellos mismos apoderarse de ella, ya porque no hubieran querido, los otros quitársela a

Francia para dársela a aquellos, o que no fuesen tan audaces que vinieran a atacar a estas dos potencias.

Si se replica que el rey Luis cedió Romania a Alejandro VI y un trono a España por evitar una guerra, responderé con lo que ya tengo dicho: que nunca debe dejarse empeorar un mal por evitar una guerra, pues al cabo no se evita, y solamente se dilata en daño propio. Si alegan otros la promesa que Luis había hecho al papa de concluir por él esta empresa, con la condición de que quitaría todo impedimento para su matrimonio[1] por medio de una dispensa, y que daría el capelo al arzobispo de Ruán[2]; mi respuesta se halla en un artículo inmediato, donde hablaré de la palabra del príncipe y de cómo debe guardarla.

---

[1] Con Ana de Bretaña. Jacopo Nardi dice, en su *Historia de Florencia*, que el papa Alejandro VI y el rey Luis XII se servían mutuamente de lo espiritual para adquirir lo temporal: Alejandro, a fin de conseguir la Romania para su hijo, y Luis, para unir la Bretaña a su corona.

[2] Jorge de Amboise, que administró Francia reinando Luis XII, por el poderoso influjo que tuvo en las determinaciones de este monarca. Habiéndose propuesto suceder en el pontificado al papa Alejandro VI, y queriendo valerse para este fin del crédito de César Borja, hijo del mismo papa, indujo al rey a que le diese a este último el ducado de Valentino con una pensión considerable, y se mostró en todo muy solícito favorecedor de los designios de su santidad. Alejandro se valió de él para conseguir que Luis le ayudase a arruinar enteramente la familia de los Orsini, que no merecía ser maltratada por Francia; pero el cardenal persuadió al rey que no llegaría, como deseaba, a recobrar el reino de Nápoles si no daba aquel gusto al papa. Los Orsini fueron luego sacrificados a las miras de una política tan torpe como insidiosa, y no por eso logró las suyas el cardenal después de la muerte del papa Alejandro.

Perdió, pues, a Lombardía el rey Luis por no haber observado ninguna precaución de aquellas que toman otros al apoderarse de una soberanía que se quiere conservar. Nada menos extraño que semejante suceso, y nada al contrario más natural, más regular y consiguiente. Del mismo modo me expliqué en Nantes con el cardenal de Amboise, cuando el duque de Valentino (así era llamado comúnmente el hijo del papa Alejandro) ocupaba Romania. Diciéndome este cardenal que los italianos hacían la guerra sin conocimiento, le respondí que los franceses no entendían maldita la cosa de política, porque, entendiendo algo, jamás hubieran consentido que la Iglesia llegase a semejante estado de grandeza. Luego se ha visto palpablemente que el acrecentamiento de esta potencia y el de España en Italia se debe a Francia; y no proviene de otra causa la ruina de la misma Francia en Italia. De aquí se deduce una regla general que nunca o rara vez falla, y es la siguiente: *el príncipe que procura el engrandecimiento de otro labra su ruina,* porque claro está que para ello ha de emplear sus propias fuerzas o su habilidad, y estos dos medios que ostenta siembran celos y sospechas en el ánimo de aquel que por ellos ha llegado a ser más poderoso.

Capítulo IV

CUR DARII REGNUM QUOD ALEXANDER OCCUPAVERAT A SUCCESSORIBUS SUIS POST ALEXANDRI MORTEM NON DEFECIT

[POR QUÉ EL REINO DE DARÍO, CONQUISTADO POR ALEJANDRO, NO SE LEVANTÓ CONTRA SUS SUCESORES DESPUÉS DE SU MUERTE]

Causa admiración, al considerar las dificultades que se encuentran para conservar un estado recientemente conquistado, ver que el imperio de Asia, del que se hizo dueño en pocos años Alejandro el Grande, habiendo muerto este tan pronto que apenas tuvo tiempo para tomar posesión de él, no padeció una revolución completa. Se mantuvieron, no obstante, sus sucesores en aquel estado, sin experimentar más dificultad para conservarlo que la que entre ellos mismos produjo su propia y particular ambición.

Yo responderé a esto que todos los principados de que se conserva alguna noticia por la historia, han sido gobernados de dos diferentes modos: o por un príncipe absoluto, ante el cual fueron esclavos todos los demás hombres, y a quienes se concediera, como ministros y por una gracia especial, la facultad de que le ayudasen a gobernar su reino, o por un príncipe y por los grandes de aquel mismo estado, no gobernando estos últimos por favor particular del primero, sino solamente en virtud de un favor inherente a la antigüedad de su familia, y teniendo también señoríos y vasallos particulares que los reconocieran por sus dueños y les consagraran una devoción personal.

En los países gobernados por un príncipe y por esclavos, tiene el príncipe infinitamente mucha más autoridad; porque, en efecto, nadie reconoce en sus estados otro soberano más que a él; y aun cuando obedezcan a otros individuos, lo hacen como a ministros u oficiales del primero, sin tenerles afecto particular. Turquía y Francia nos presentan en el día ejemplos de estas dos especies de gobierno. La monarquía turca se gobierna por un señor, en cuya presencia son esclavos los demás hombres: divide, pues, su reino en diferentes provincias, y a cada una envía administradores, mudándolos o quitándolos a su arbitrio; pero el rey de Francia se ve rodeado de una multitud de personas ilustres por la antigüedad de su familia; cada familia tiene vasallos que la reconocen y estiman como tal, y disfruta, en suma, de varias prerrogativas que el rey mismo no podría quitar sin correr algún riesgo.

Si queremos examinar estas dos soberanías, veremos que se necesita vencer grandes dificultades para apoderarse de un reino gobernado como Turquía; pero que tampoco hay cosa tan fácil como conservarlo, una vez conquistado. Ciertamente es dificultoso apoderarse de un estado semejante, porque cualquiera que lo intente no podrá contar con que le llamen los grandes de aquel reino, ni aguardar a que se rebele, ni confiar en los socorros que le prestarán los que estén al lado del príncipe, por la sencilla razón que ya hemos dicho al tratar de la organización de tales estados. Como, en efecto, todos son esclavos del príncipe y allegados suyos, es dificultoso corromperlos; y aun cuando se los ganase, se conseguiría poca ayuda, no pudiendo los mismos inclinar al pueblo a su partido por las razones que dejamos manifestadas. Y así, cualquier que acometa a los turcos entienda que ha de encontrarlos unidos, y más bien ha de hacer la cuenta con sus propias fuerzas que con la facilidad que le proporcionaría la división de ellos. Pero, una vez vencidos y derrotados sus ejércitos, en términos que no pudieran volver a reponerse, ya no habría que temer más que a la familia del príncipe, extinguida la cual no quedaría otra entre las demás del estado que tuviese crédito para con el pueblo; y del mismo modo que el vencedor nada podría esperar de ellas antes del combate, tampoco podría temer nada después de la victoria.

Todo lo contrario sucede en reinos gobernados como Francia: en ellos se puede entrar fácilmente, una vez ganados algunos grandes, encontrándose siempre descontentos y personas que deseen una mudanza. Estos, pues abrirán las puertas y facilitarán la conquista del estado; pero, queriendo luego conservarlo, se experimentarán infinitas dificultades, tanto de parte de los conquistados como de los que prestaron auxilio. No basta aquí extinguir la familia del príncipe, porque quedan después los grandes del estado, que se hacen cabeza de partidos nuevos; y como ni es posible contentarlos ni destruirlos, fácilmente se pierde la conquista a la primera o más pequeña ocasión.

Ahora, pues, considerando de qué naturaleza era el gobierno de Darío, le encontramos semejante al del turco. Alejandro tuvo que acometerlo por todas partes hasta enseñorearse del territorio; pero, una vez vencido y muerto Darío, quedó el estado en poder del conquistador, sin que debiera temerse su pérdida por las razones que ya hemos apuntado. Con la misma tranquilidad lo hubieran poseído sus sucesores habiendo estado unidos, porque efectivamente no se vieron más alborotos en este imperio que los que ellos mismos suscitaron.

No se espere una posesión tan quieta de estados gobernados como Francia. Los frecuentes levantamientos de España, de las Galias y de Grecia contra los romanos provenían todos del gran número de reyezuelos que había en estos países. Mientras subsistieron semejantes señores, fue para los romanos inestable y peligrosa la posesión de este territorio; pero una vez destruidos, y borrada hasta la memoria de su poder, fijaron los romanos su dominio valiéndose de sus propias fuerzas, a medida que los naturales fueron acostumbrándose a su imperio.

Cuando los romanos batallaban unos contra otros en aquellas provincias, cada partido, según la autoridad que hubiera ejercido en ellas, podía contar fácilmente con su auxilio, porque, acabada la familia de los señores territoriales, no reconocían las mismas otro dominio que el de los romanos. Reflexionando, pues, sobre todas estas diferencias, nadie se admirará de la facilidad con que Alejandro conservó los estados asiáticos que conquistó, ni de las dificultades que experimentaron otros conquistadores, como Pirro, en conservar sus conquistas: lo que no debe atribuirse a la buena o mala conducta del vencedor, sino a la diferencia de gobierno de los dominios conquistados.

Capítulo V

QUOMODO ADMINISTRANDAE SUNT CIVITATES VEL PRINCIPATUS QUI ANTEQUAM OCCUPARENTUR SUIS LEGIBUS VIVEBANT

[CÓMO HAN DE GOBERNARSE LAS CIUDADES O PRINCIPADOS QUE, ANTES DE SER CONQUISTADOS, SE REGÍAN POR SUS PROPIAS LEYES]

Tres medios tiene el conquistador para conservar los estados adquiridos en que concurren las circunstancias ya explicadas, y que están acostumbrados a gobernarse por sus leyes particulares, bajo un gobierno liberal: el 1.º, es destruirlos; el 2.º, fijar su residencia en ellos; el 3.º, dejarles sus leyes, exigirles un tributo y constituir un gobierno, compuesto de corto número de personas de confianza que mantengan en paz el país. Este gobierno, recién creado por el príncipe, sabe que no puede subsistir sin su poder y favor, y por consiguiente tiene interés en emplear esfuerzos de todas clases para mantenerse en la posesión del territorio. Se logra también mucho más fácilmente conservar una ciudad acostumbrada a gobernarse por sus propias leyes, destinando para su gobierno un corto número de sus propios ciudadanos, que por cualquier otro medio. Los lacedemonios y los romanos nos han dejado ejemplos de estos diferentes modos de contener a un estado.

Los primeros gobernaron a Atenas y a Tebas, estableciendo un gobierno compuesto de pocos; sin embargo, volvieron a perder estas dos ciudades.

Los romanos, para asegurarse de Capua, de Cartago y de Numancia, las destruyeron, y volvieron a perderlas.

Quisieron, por el contrario, poseer Grecia, como la habían poseído los espartanos, concediéndole su libertad y dejándole sus leyes; pero nada adelantaron por este medio, y al cabo se vieron en la precisión de destruir muchas ciudades de aquella provincia para sujetarla; como que no hay ciertamente otro arbitrio más seguro.

Cualquiera, pues, que llegue a hacerse dueño de una ciudad acostumbrada a gozar de su libertad, y no la destruya, debe temer que será destruido por ella. Le servirá de bandera en todas sus revoluciones el recuerdo de sus antiguos fueros y el grito de la libertad, que no se borra con el transcurso del tiempo ni por recientes beneficios: de manera que, por más precauciones que se tomen, no dividiendo o dispersando a los habitantes, nunca se desarraigará de su corazón, ni soltará su memoria el nombre de libertad, y la inclinación a sus antiguas instituciones; estando por lo mismo prontos todos a reunirse para recobrarla en la más propicia ocasión. Buen ejemplo de esto nos presenta Pisa, después de haber vivido tantos años bajo el yugo de los florentinos.

Pero cuando las ciudades o las provincias están acostumbradas a vivir sujetas a un príncipe, cuya dinastía se haya extinguido, como ya están acostumbrados a la obediencia, y por otra parte privadas de su soberano legítimo, no son capaces de avenirse para elegir otro nuevo, ni tienen disposición para llegar a proclamarse libres; siendo, por consiguiente, más lentas y remisas en tomar las armas, y presentando al príncipe nuevo más medios de granjearse su amor, al paso que afianza la posesión del territorio.

En las repúblicas es, por el contrario, más fuerte y activo el aborrecimiento, y más vivo el deseo de venganza; y la memoria de su libertad antigua no les deja ni puede dejar un solo momento tranquilo, de suerte que los medios más seguros de conservarlas son, o destruirlas, o fijar en ellas su residencia.

Capítulo VI

DE PRINCIPATIBUS NOVIS QUI ARMIS PROPIIS ET VIRTUTE ACQUIRUNTUR

[DE LOS NUEVOS ESTADOS QUE UN PRÍNCIPE ADQUIERE POR SU VALOR Y POR SUS PROPIAS ARMAS]

No se extrañe que en la relación que voy a hacer de los principados nuevos, del príncipe y del estado, me valga solamente de los ejemplos que ofrecen las personas más célebres. Casi siempre caminan los hombres por sendas trilladas antes por otros, y casi no obran por sí, sino por imitación; pero como esta no puede ser exacta en un todo, ni suele ser posible llegar a la altura de aquellos que se toman por modelos, el hombre sabio debe únicamente seguir los caminos que abrieron otros, tenidos por superiores, e imitar bien a los que han sobresalido, a fin de que, si no se consigue igualarlos, se le acerque a lo menos en alguna cosa. Cada uno, pues, deberá portarse como el ballestero prudente, que, cuando advierte que el blanco a que dirige sus tiros se halla demasiado distante, considera la fuerza de su arco y apunta más alto que el blanco, con el objeto de llegar siquiera a tocarlo.

Paso ahora a decir que las dificultades mayores o menores que se experimentan para mantenerse en un principado absolutamente nuevo, dependen mucho de las prendas personales del que lo ha adquirido; así como llegar a ser príncipe desde simple particular, supone antes o mucha fortuna o gran talento, y con uno de estos dos medios, debe allanarse la mayor parte de las dificultades. Sin embargo, se ha visto también sostenerse mejor aquel que ha contado menos con su fortuna; y tampoco hay duda de que proporciona ventajas el príncipe que no tenía otros estados el venir a domiciliarse en aquel de que se ha hecho soberano.

Si hemos de hablar de los que llegaron a ser príncipes por su valor o por su talento, deben citarse en primer lugar Moisés, Ciro, Rómulo, Teseo, etc.; pues, aunque parece al pronto que no debería hacerse mención de Moisés, porque no fue más que el ejecutor de las órdenes del cielo, merece, no obstante, nuestra admiración, por haber sido escogido por Dios para manifestar su voluntad a los hombres.

Si examinamos con atención la conducta de Ciro y de otros que adquirieron o fundaron reinos, la hallaremos digna de todo elogio; y se advertirá también que la dirección que siguió cada uno de ellos no era diferente de la de Moisés, aunque este tuvo tan grande maestro. Su vida y sus acciones probarán también que toda su fortuna consistió en presentárseles una ocasión favorable para introducir la forma de gobierno que parecía más conveniente a sus nuevos estados, y en haberse sabido aprovechar de ella. Hubieran sido inútiles su valor y talento si no se les hubiese presentado la ocasión de emplearlos, o si la hubieran malogrado por falta de las prendas personales correspondientes. Era muy necesario, pues, que Moisés encontrara a los israelitas esclavos en Egipto, y aún oprimidos por los naturales de aquel país, para disponerlos a que le siguieran por salir de esclavitud. Era necesario también que no encontrara Rómulo quien le criara en Alba, y que fuese abandonado desde su nacimiento, para que pudiese llegar a ser rey de Roma, fundando esta ciudad, que hizo patria suya. Ciro debió encontrar a los persas mal contentos con el imperio de los medos, y a los medos, afeminados por una larga paz. Últimamente, Teseo no hubiera podido dar muestras de su valor a no haber hallado dispersos a los atenienses. Estas ocasiones son las que proporcionaron a aquellos hombres ilustres el buen éxito de sus empresas, y de las que supo su talento aprovecharse para que hicieran célebre su patria y la engrandecieran.

Los que llegan al rango eminente de príncipes por medios semejantes a los de estos héroes, adquieren la soberanía superando arduas dificultades; pero la conservan también sin trabajo. Las dificultades que experimentan nacen, en parte, de las mudanzas que necesitan introducir para establecer su gobierno y afianzar la seguridad de su dominio; como que nada es más difícil, ni de éxito tan dudoso y arriesgado en la práctica como la introducción de leyes nuevas. Aquel que la emprende tiene por enemigos a cuantos se hallaban bien con las leyes antiguas, y no puede contar sino con aquellos a quienes las nuevas serían ventajosas: defensores débiles, cuya tibieza nace, en parte, del miedo de sus contrarios, a quienes asiste el poderoso influjo del antiguo orden de cosas, y, en parte, de la incredulidad de los hombres, que naturalmente desconfían de toda mudanza, mientras no la ha confirmado una larga experiencia. De aquí se sigue que siempre que los enemigos del nuevo orden tienen ocasión de oponerse a él, forman partido, y los otros defienden el suyo con flojedad; de suerte que el príncipe se expone a tantos riesgos por la calidad, de sus enemigos como por la de sus defensores.

Para apurar esta cuestión conviene examinar si estos innovadores pueden intentar las mudanzas por sí mismos, o si dependen de otro: quiero decir si, para llevar adelante sus proyectos, tienen que emplear el medio de la persuasión o tienen sin ella la fuerza necesaria para forzar su voluntad. En el primer caso jamás salen con su intento: pero, siendo temibles e independientes, rara vez dejarán de conseguirlo. De aquí proviene que triunfaran todos los profetas armados, al paso que decayesen los inermes: la causa de esto no solo se explica por las razones indicadas, sino que dimana del carácter voluble de los pueblos, tan pronto a decidirse por una opinión nueva como flojos para mantenerse en ella; de forma que es necesario tomar disposiciones para forzar al pueblo a que crea desde el momento en que principia a no creer. Moisés, Ciro, Teseo y Rómulo, estando desarmados, no hubieran podido conseguir que durase mucho tiempo la observancia de sus constituciones: como le ha sucedido cabalmente en nuestros días al reverendísimo Jerónimo Savonarola, que vio caer por tierra sus proyectos al momento en que, perdiendo la confianza de la multitud, le faltaron medios para obligarlos a mantenérsela, y para inspirársela a los más incrédulos. Grandes obstáculos, en verdad, y frecuentes peligros experimentaron los primeros, necesitando para superarlos mucho talento y mucho valor; mas una vez allanadas estas dificultades, se principia a adquirir cierta veneración, cae desalentada la envidia, y el poder y la honra se arraigan y fortalecen.

Después de presentados los ejemplos que ofrece la historia de personas tan ilustres, me ceñiré a citar otro, en la realidad menor, pero que tiene analogía con los precedentes, y es el del siracusano Hierón. De simple particular llegó a ser príncipe de Siracusa, y no debió su fortuna sino a haber sabido aprovecharse de una ocasión. En efecto, hallándose muy apretados los siracusanos, le tomaron por capitán, y mereció luego ser su príncipe, por haber sido tal su conducta privada que, cuantos han escrito de él, dicen que no le faltaba más que un reino para reinar dignamente. Reformó la milicia antigua y organizó otra enteramente nueva; rompió las alianzas antiguas, contrayendo otras más convenientes; y como podía contar con sus amigos y con sus soldados, le fue fácil sentar sobre semejantes cimientos su fortuna; de manera que, habiéndole costado mucho trabajo adquirir, pudo costarle muy poco la conservación de lo adquirido.

Capítulo VII

DE PRINCIPATIBUS NOVIS QUI ALIENIS ARMIS ET FORTUNA ACQUIRUNTUR

[DE LOS PRINCIPADOS NUEVOS QUE SE ADQUIEREN CON LAS FUERZAS DE OTRO O POR UN EFECTO DE BUENA FORTUNA]

Poco trabajo cuesta conseguir un principado a aquellos que de simples particulares son levantados a él por especial favor de la fortuna, y sin presentárseles el menor obstáculo; pero si han de conservarle después de alcanzado, tendrán que vencer muchas y grandes contrariedades. En este caso se hallan los que adquieren un estado o por medio de dinero o por gracia de aquel que se les concede, como sucedió a las personas que constituyó Darío por soberanos en ciudades griegas de la Jonia y del Helesponto, atendiendo a su propia gloria y mayor seguridad; y como lo fueron en Roma los simples militares que se elevaban al imperio sobornando a los soldados. Todos estos se sostienen únicamente por la fortuna y por la voluntad del que los ensalza: dos fundamentos tan mudables como poco seguros; además que ni ellos saben ni pueden mantenerse en semejante dignidad. No saben, porque cualquiera que ha vivido como particular ignora por lo común el arte de mandar, a no ser hombre de muy señalado talento o de un espíritu muy superior; tampoco pueden mantenerse en aquel rango porque carecen de tropas con cuyo afecto y fidelidad puedan contar. Por otra parte, los estados que se forman tan repentinamente, a semejanza de todo cuanto en la naturaleza nace y crece con igual prontitud, no arraigan ni se consolidan de manera que puedan resistir el embate del primer viento contrario, o de la primera tempestad que sobrevenga; a menos que, como ya hemos dicho, no se hallen bien adornados de grandes prendas y de una fuerza de ingenio sobresaliente para valerse de los medios propios de conservar lo que les ha concedido la fortuna; y que, después de ser príncipes, busquen y encuentren aquellos apoyos que los otros procuran adquirir antes de llegar a serlo.

Sobre estos dos modos de ascender a la soberanía, o por un efecto de la fortuna o por el talento, quiero proponer dos ejemplos de nuestros días, a saber, el de Francisco Sforza y el de César Borja.

El primero, por medios legítimos y por su grande habilidad, llegó a ser duque de Milán, y conservó sin mucho trabajo lo que tanto le había costado adquirir.

César Borja, llamado comúnmente el duque de Valentino, logró una soberanía por fortuna de su padre, y la perdió luego que le faltó este; aunque empleó todos los medios de que puede valerse un hombre hábil y prudente para conservarla, y no omitió nada de lo que deben hacer aquellos que adquieren estados nuevos por las armas o la fortuna de otro, tratando de mantenerse en la posesión.

Posible es, sin duda, al hombre de superior mérito, que aún no ha sentado los cimientos de su poder, fijarlos después de haberlo adquirido; pero esto no se hace sino a costa de mucho trabajo por parte del arquitecto y de grandes peligros por la del edificio. Si se quiere examinar la carrera y progresos de la fortuna del duque de Valentino, se verá lo que tenía hecho para cimentar su poder futuro; y este examen no será superfluo, porque no acertaría yo a proponer a un príncipe nuevo otro modelo más digno de ser imitado por el mismo duque. Si este, pues, a pesar de todas las medidas que tenía tomadas no consiguió su intento, más fue por un efecto de su mala suerte, constante en serle contraria, que por culpa suya. Cuando Alejandro VI quiso dar a su hijo una soberanía en Italia, debió luego experimentar grandes obstáculos, y prever que serían mayores en lo sucesivo.

No encontraba al pronto medio alguno de hacerle soberano de un estado que no perteneciese a la Iglesia, y sabía también que cualquiera de ellos que determinase desmembrar no lo consentirían el duque de Milán ni los venecianos; como que Faenza y Rímini, en que fijó al principio la atención, estaban ya bajo la protección de Venecia. Veía además que las armas de Italia, y especialmente aquellas de que hubiera podido servirse, se hallaban en manos de los Orsini, los Colonna y sus partidarios, con quienes no podía contar, porque temían el engrandecimiento del papa.

Era indispensable, pues, destruir este orden de cosas y trastornar los estados de Italia para apoderarse de la soberanía de una parte; lo que no fue difícil. Los venecianos habían resuelto por otros motivos llamar a los franceses a Italia; proyecto a que no se opuso el papa, antes bien lo favoreció, prestándose a anular el primer matrimonio de Luis XII. Entra, pues, este rey en Italia, ayudado por los venecianos y con el consentimiento de Alejandro; pero apenas había llegado a Milán, consiguió el papa que le diese tropas para apoderarse de Romania, y así se hizo dueño de ella a favor de la reputación de las armas del rey su aliado.

Habiendo el duque adquirido por este medio Romania y abatido a los Colonna, quería a un tiempo conservar su principado y aumentarlo; pero no tenía confianza en las tropas de los Orsini, de que se había servido, ni estaba muy seguro de la voluntad de Francia; por lo que temía que las fuerzas le faltasen al mejor tiempo, y que no solo le estorbaran para llevar adelante sus proyectos de engrandecimiento, sino que le quitasen también lo que tenía conquistado.

Los mismos recelos le inspiraba Francia que los Orsini: estos le dieron una prueba del poco caudal que debía hacer de ellos cuando, después de la toma de Faenza, atacó a Bolonia y vio que se portaron con flojedad; y en cuanto a la primera, pudo juzgar de sus intenciones el duque cuando, ya tomado el ducado de Urbino, hizo una invasión en Toscana, de la que el rey le obligó a desistir. Puesto en esta situación, resolvió el duque que no obraría en adelante con dependencia de la fortuna o de las armas de otro.

Comenzó su empresa debilitando el partido de los Orsini y de los Colonna en Roma, y atrayendo al suyo todos los nobles unidos a estas dos casas, cuya voluntad iba ganando, ya con dinero, ya con la provisión de gobiernos y empleos, según la clase de cada uno; de forma que en pocos meses se les entibió la devoción que tenían a los primeros y se la consagraron enteramente al duque. Ya que con mucha facilidad y destreza había dispersado a los Colonna y atraídolos a sí, aguardó ocasión oportuna para perder a los Orsini. Mas conociendo estos, aunque algo tarde, que el poder del duque y el de la Iglesia producirían su ruina, celebraron una dieta en Magiona del Perusino, de la cual resultaron luego la rebelión de Urbino, los alborotos de Romania y peligros innumerables que corrió la persona del duque, y de que se libró con el auxilio de los franceses. Con todo eso no quiso volverse a fiar de ella ni de ninguna otra fuerza extranjera, luego que pudo dar cierta consistencia a sus negocios; a fin de no arriesgar nada en adelante, empleó únicamente la astucia; y de tal manera supo disimular sus intenciones, que los Orsini llegaron a reconciliarse con él por la mediación del señor Paolo. No hubo obsequio que no prodigara para ganarlos; les regalaba vestidos ricos, dinero, caballos, y ellos fueron tan simples que se dejaron engañar hasta venir a caer en sus manos en Sinigaglia. Quedando, pues, exterminados los jefes de esta familia, y luego reducidos a buena amistad sus mismos partidarios, el duque fijó su poder sobre cimientos más sólidos, porque, no solo poseía ya toda Romania y el ducado de Urbino, sino que de tal modo se había ganado el afecto de los pueblos de estos dos estados, y especialmente el del primero, que se hallaban muy contentos con su gobierno. Es muy digna de atención esta última circunstancia; y mereciendo por ella el duque ser imitado, no quiero pasarla en silencio.

Luego que se apoderó de Romania, vio que había estado manejada por una infinidad de principillos, que se habían empleado en robar a sus súbditos más bien que en gobernarlos; y que, no teniendo fuerzas para protegerlos, más bien habían contribuido a perturbarlos que a mantenerlos en paz. Hallábase así aquel país infestado de salteadores, despedazado por facciones y entregado a todo género de desórdenes y excesos. Conoció al instante que era necesario un gobierno vigoroso para restablecer la tranquilidad y el orden, y para someter los habitantes a la autoridad del príncipe. Puso para esto por gobernador a Ramiro de Orco, hombre cruel pero activo, concediéndole facultades ilimitadas. Apaciguó Ramiro en poco tiempo los alborotos, concilió todos los partidos y se granjeó la reputación de pacificador del país. Sin embargo, muy pronto reconoció el duque que ya no era necesario emplear tanto rigor, y que convenía más templar una autoridad tan exhorbitante que hubiera llegado a ser odiosa[1]. A este fin estableció un tribunal civil en el centro de la provincia, presidido por un hombre estimado generalmente, y dispuso que cada ciudad enviase allá su procurador o abogado. Conocía bien que las crueldades de Ramiro le habían acarreado algún aborrecimiento; y para purificarse de todo cargo ante los ojos del pueblo, ganando su amor, determinó manifestar que no debían imputársele las crueldades cometidas, sino atribuirse todas al feroz carácter de su ministro[2]. En seguida se aprovechó de la primera ocasión favorable que tuvo, y una mañana mandó hender de arriba abajo a Ramiro, y que se pusiera su cuerpo sobre un palo, en medio de la plaza de Cesana, con un cuchillo ensangrentado junto a él. El horror de semejante espectáculo dejó contentos los ánimos enconados, al paso que los llenó de espanto y de un frío estupor.

Pero volvamos a nuestro asunto. Encontrábase ya el duque muy poderoso y en gran parte exento del temor de sus enemigos, habiendo empleado contra ellos las armas que le parecieron más convenientes, y destruido los vecinos poderosos que podían ofenderle. Faltábale únicamente, para asegurar la posesión de sus conquistas y poder aumentarlas, ponerse en estado de no temer al rey de Francia; pues sabía muy bien que

---

[1] Moderen, pues, su ambición los ministros de los tiranos, teniendo presente aquella máxima de Tácito: *Levi post adnsissum scelus gratia, de in gravius odio.* «Les concede el príncipe un favor pasajero cuando le sirven para un crimen, pero con ánimo de dejarles luego abandonados a los efectos de un odio profundísimo» (Ann. 14).

[2] No ignoraba Borja lo que previene Tácito a los príncipes nuevos y viejos: *Nec nunquan satifida potencia, ubi nimia est.* «No esté nunca seguro de mantenerse el poder que toque en los extremos».

este príncipe sufriría su engrandecimiento, habiendo reconocido, aunque tarde, el yerro que había cometido. Con este fin procuró formar nuevas alianzas, al tiempo que se dirigían los franceses a Nápoles contra los españoles, que sitiaban a Gaeta. Era su intento fortificarse contra aquellos, como sin duda lo hubiera logrado si aún hubiese vivido Alejandro VI.

Tal fue su conducta en la provisión de los negocios presentes; pero aún debía temer otros muchos peligros para lo venidero, como era el que le fuese contrario el Papa nuevo y procurara quitarle lo que le había dado Alejandro, su padre. Trató, pues, de ponerse a cubierto de semejantes peligros, y para esto, en primer lugar, acabó con el linaje de todos los señores a quienes había despojado de sus dominios, quitando así al Papa futuro un pretexto y los auxilios que aquellos hubieran podido suministrarle para que le despojasen a él mismo. En segundo lugar, procuró granjearse la afición de todos los nobles de Roma, a fin de valerse de ellos para contentar al Papa en su misma capital. En tercer lugar, introdujo en el sacro colegio a cuantas hechuras suyas pudo; y por último, adquirió tantos estados, tanta soberanía y poder antes que muriese su padre, que se hallaba ya fuerte y prevenido para resistir el primer asalto que se le diera.

Al tiempo de la muerte de Alejandro había ya el duque empleado con buen éxito tres de estos cuatro medios, y lo tenía todo dispuesto para valerse igualmente del último. Había quitado la vida a la mayor parte de los señores que dejaba despojados, libertándose muy pocos de sus manos; tenía ganada la voluntad de los nobles de Roma, y grande partido en el colegio de los cardenales; y en cuanto a sus adquisiciones, pensaba hacerse dueño de Toscana, estando ya en posesión de Perusa y Piombino, y faltándole únicamente la formalidad de tomar a Pisa, que se había puesto bajo su protección. Tampoco tenía ya que contemplar a los franceses, pues habían sido lanzados del reino de Nápoles por los españoles, y cada uno de estos dos pueblos tenía que solicitar su amistad. Echándose sobre Pisa, Luca y Sena, no podían menos de ceder muy pronto, en parte por odio de los florentinos y en parte por miedo; y los floretinos no podían defenderse, estando faltos de fuerzas. Si todos estos proyectos hubieran podido estar ejecutados al fallecimiento de Alejandro, no hay duda, de que el duque hubiera tenido bastante fuerza y consideración para sostenerse por sí mismo, e independientemente de la fortuna y del poder de otro.

Cinco años después de que el duque hubiera desenvainado la espada, murió Alejandro, dejándole únicamente bien consolidado en el estado de Romania, y todas sus demás conquistas en el aire entre dos potencias armadas. Hallábase también Borja a la sazón atacado de una enfermedad mortal; y con todo era tanta su habilidad, tan distinguido su valor, y sabía tan bien qué hombres debía destruir y cuáles atraer su amistad; en fin, supo en tan poco tiempo asentar su poder sobre cimientos tan sólidos, que, a no haber tenido delante dos ejércitos enemigos, o si hubiese estado bueno, no hay duda de que hubiera vencido todas las demás dificultades. La prueba de que sus principios eran muy seguros está en que por más de un mes se le mantuvo fiel y tranquila Romania; y en que, aun estando medio muerto, nada tuvo que temer de parte de Roma, ni se atrevieron a perseguirle los Baglioni, los Vitelli y los Orsini, a pesar de que se trasladaron a la misma ciudad. Consiguió, a lo menos, que, ya que no fuese electo papa el cardenal que él quería, tampoco lo fuese aquel que de ningún modo le acomodaba: en fin, todo le hubiera sido muy fácil no habiéndose hallado enfermo al tiempo que murió Alejandro. Díjome el día mismo que fue electo pontífice Julio II que había reflexionado mucho en todo lo que podría ocurrir a la muerte de su padre, buscando algún remedio acomodado a cada incidente; pero que nunca le había ocurrido que él mismo podría hallarse en peligro de perder la vida cuando su padre muriese.

Resumiendo todas las acciones del duque, no encuentro falta alguna que imputarle, y me parece que puedo, como lo he hecho, proponerle por modelo a todos aquellos que, por la fortuna o por las armas de otro, hayan ascendido a la soberanía con miras grandes y proyectos todavía mayores. Su conducta no podía ser mejor; y el único tropiezo que encontraron sus designios fue la muerte demasiado temprana de Alejandro y la enfermedad que a la sazón él mismo padecía. A cualquiera, pues, que juzgue serle necesario en un señorío nuevo asegurarse de la fe de sus enemigos, adquirir partidarios, vencer, o por lo fuerza o por la astucia, hacerse amar y temer de los pueblos, hacerse seguir y respetar por el soldado, destruir a todos los que pudieren o debieren causarle daño, sustituir leyes nuevas a las antiguas, ser a un tiempo severo y benigno, magnánimo y liberal, deshacerse de una milicia en que no pudiera tener confianza y formar otra nueva, conservar la amistad de los príncipes y de los reyes, de modo que deseen hacerle bien y teman tenerle por contrario; de todo esto, digo, no puede ofrecerse un ejemplo más reciente ni más acabado que el que presenta César Borja, a lo menos hasta la muerte de su padre.

Solamente es represible este duque en cuanto a la elección de Julio II para el pontificado. Verdad es, como ya hemos dicho, que no pudo hacer que recayese el nombramiento en la persona que quisiera; pero a lo menos pudo lograr y debió querer que se excluyese a la que no le convenía, pues por ningún título debió consentir la exaltación de cualquiera de aquellos cardenales a quienes tenía ofendidos, y que, llegando a ser pontífices, todavía podrían temerle, porque los hombres nos ofenden o por odio o por miedo. Los cardenales a quienes el duque debía temer por haberlos ofendido eran, entre otros, el de San Pedro Advíncula, el de Colonna, San Jorge y Ascanio. Todos los demás que pudieran haber sido electos tenían motivos también para temerle, excepto el cardenal de Amboise, harto poderoso por la protección de Francia, y los españoles, que se hallaban unidos a él por relaciones de parentesco y de mutuos servicios.

Debió el duque, desde luego, haber procurado que se nombrase un español; y habiéndolo conseguido, le era más conveniente haberse prestado a favorecer el nombramiento del arzobispo de Ruán que del cardenal de San Pedro Advíncula; pues es un error creer que se olvidan las ofensas antiguas por los beneficios recientes entre las personas de primer orden. No hay duda que en esta elección cometió el duque una falta gravísima, que ocasionó después su propia ruina.

Capítulo VIII

DE HIS QUI PER ESCELERA AD PRINCIPATUM PERVENERE

[DE AQUELLOS QUE SE HAN ELEVADO A LA SOBERANÍA POR MEDIO DE MALDADES]

Paréceme conveniente ahora hablar de otros dos modos que hay de adquirir la soberanía, independientes en parte de la fortuna y del mérito, a pesar de que el examen de uno de ellos ocuparía un lugar más propio en el artículo de las repúblicas. El primero consiste en ascender a la soberanía por medio de alguna gran maldad; y el segundo se efectúa cuando un simple particular es elevado a la dignidad de príncipe de su patria por el voto general de sus conciudadanos. Dos ejemplos del primer caso voy a citar, el uno antiguo y el otro moderno, los cuales, sin más aprecio ni examen, podrán servir de modelo a cualquiera que se halle en la necesidad de imitarlos. El siciliano Agatocles, que de simple particular de la más ínfima extracción subió al trono de Siracusa, y siendo hijo de un alfarero, fue dejando señales de sus delitos en todos los pasos de su fortuna; se portó, no obstante, con tanta habilidad, con tanto valor y energía de alma, que, siguiendo la carrera de las armas, pasó por todos los grados inferiores de la milicia y llegó hasta la dignidad de pretor de Siracusa. Luego que subió a un puesto tan elevado, quiso conservarlo, desde allí alzarse con la soberanía y retener por la fuerza y con absoluta independencia la autoridad que voluntariamente se le había concedido. Para este fin, Agatocles, estando antes de inteligencia y concierto con Amílcar, que mandaba a la sazón el ejército de los cartagineses en Sicilia, juntó una mañana al pueblo y senado de Siracusa con el pretexto de conferenciar sobre los negocios públicos; y a una cierta señal, ordenó a sus soldados degollar a todos los senadores y a los más ricos del pueblo; muertos los cuales se apoderó sin trabajo de la soberanía, y la disfrutó sin la menor oposición de parte de los ciudadanos. Derrotado luego dos veces por los cartagineses, y sitiado finalmente por los mismos en Siracusa, no tan solo se defendió allí, sino que, dejando en la ciudad una parte de sus tropas, pasó a África con las otras; y de tal modo apretó a los cartagineses, que se vieron muy pronto obligados a levantar el sitio, y en tanto apuro, que hubieron de contentarse con África, abandonándole definitivamente Sicilia.

Si se examina la conducta de Agatocles, muy poco o nada se encontrará que pueda atribuirse a la fortuna; porque ni llegó a la soberanía por favor de nadie, sino pasando sucesivamente, como ya he dicho, por todos los grados militares, a costa de mil contratiempos, ni se sostuvo en ella sino en fuerza de una multitud de acciones tan peligrosas como esforzadas. Tampoco podría decirse que fuera virtuoso un hombre que degolló a sus conciudadanos, que se deshizo de sus amigos, que no guardó fe, ni tuvo piedad ni religión; medios todos que acaso podrán conducir a la soberanía, pero de ningún modo a la gloria.

Mas, si por otra parte consideramos la intrepidez de Agatocles en arrostrar los peligros, y su habilidad para salvarse de ellos, la firmeza y robustez de su ánimo para sufrir o superar la adversidad, no se encuentra razón para que se le excluya del número de los capitanes más célebres; a pesar de que su inhumanidad, su crueldad feroz y los delitos innumerables que cometió tampoco permitan que se le cuente entre los hombres grandes. Lo cierto es que no pudiera atribuirse a su virtud ni a su fortuna todo lo que llegó a conseguir sin ellas.

Oliveroto de Fermo, en nuestro tiempo, y viviendo todavía el papa Alejandro VI, se quedó en la niñez huérfano de padre y madre; crióle su tío materno Juan Fogliani, quien le encomendó a Pablo Vitelli para que le enseñara el arte de la guerra y le hiciera llegar a un grado distinguido. Después de muerto Pablo, sirvió bajo el mando de su hermano Vitellozo, y por su habilidad y valor fue en muy poco tiempo el primer capitán de aquel ejército. Sonrojándose luego de servir y de hallarse confundido con el vulgo de los oficiales, pensó en apoderarse de Fermo, su patria, con el auxilio de Vitellozo y de otros ciudadanos que malamente preferían la esclavitud a la libertad de aquel país. Escribió, pues, a Juan Fogliani diciéndole que, por haber estado largo tiempo ausente de su casa, quería pasar a visitarle y a ver al mismo tiempo su país, que en cierto modo podía reconocer como patrimonio suyo; que, habiendo trabajado tanto por granjearse alguna reputación, deseaba también que sus conciudadanos se convenciesen por sí mismos de que no había malgastado el tiempo, y por consiguiente quería presentarse a ellos con cierta brillantez, acompañado de cien jinetes, amigos suyos, y de algunos servidores; que para hacer más suntuoso su recibimiento, le suplicaba que indujese a los principales habitantes de Fermo a que le saliesen al encuentro, cuyo acto no solo le serviría a él de placer, sino que cedería igualmente en honra de su tío, que había cuidado tanto de darle educación.

Desempeñó exactamente Juan Fogliani los encargos de su sobrino, disponiendo que los habitantes de Fermo le recibieran con la mayor distinción, y hospedándole en su casa. Empleó allí un día Oliveroto en preparar lo que necesitaba para el éxito favorable de sus culpables designios, y con este fin dispuso un magnífico banquete, al cual convidó a Juan Fogliani y a las personas principales de la ciudad. Después de la comida, y entre la alegría que acompaña siempre a semejantes funciones, suscitó de intento Oliveroto la conversación sobre un asunto serio: habló del poder del papa Alejandro y de su hijo César y sus empresas. Juan y los demás iban diciendo por turno su parecer cuando, levantándose de repente Oliveroto, dijo que de aquella materia debía hablarse en sitio más secreto, para lo chal pasó a otra sala seguido de su tío y de los demás convidados. Apenas se sentaron unos soldados que estaban ocultos, salieron y mataron a Juan y a todos los demás. Oliveroto monta luego a caballo, recorre toda la ciudad, sitia el palacio del magistrado supremo, oblígale a obedecer y a que establezca un gobierno, del que se le declara príncipe, da muerte a todos los descontentos que le hubieran podido incomodar, instituye nuevas leyes civiles y militares, y llega de tal modo a consolidar su poder en el plazo de un año, que no solamente se mantenía con seguridad en Fermo, sino que vino a ser temido de todos sus vecinos. Hubiera sido por tanto tan dificultosa su expulsión como la de Agatocles, a no haberse dejado engañar por el duque de Valentino, que, como ya hemos dicho, le enredó en Sinigaglia con los Orsini y los Vitelli un año después que cometió su parricidio, y fue allí degollado con Vitellozo, su maestro en el arte de la guerra y en el de la perversidad.

Causará sin duda admiración que Agatocles y otros semejantes a él pudiesen vivir en paz largo tiempo en su patria, teniendo que defenderse de enemigos exteriores, y sin que ninguno de sus conciudadanos conspirase contra su vida, cuando otros príncipes nuevos no han podido nunca mantenerse por razón de sus crueldades durante la paz, y todavía menos en tiempo de guerra. Yo creo que esto proviene del uso bueno o malo que se hace de la crueldad. Se le puede llamar bien empleada (si es permitido dar el nombre de bueno a lo que es malo en sí mismo) cuando se ejerce una sola vez dictándolo la necesidad de consolidar el poder, y cuando únicamente por utilidad del pueblo se recurre a un medio violento. Crueldades mal empleadas son aquellas que, aunque poco considerables al principio, van luego creciendo en lugar de acabarse. Los que ejercieren la crueldad de la primera especie, podrán esperar que al cabo Dios y los hombres los perdonen, y tal fue la de Agatocles; pero aquel que la *use o* emplee de otro modo, no podrá sostenerse.

Necesítase, pues, que el usurpador de un estado cometa de un golpe todas cuantas crueldades exija su propia seguridad para no repetirlas: de este modo se asegurará la obediencia de sus súbditos, y todavía podrá adquirir su afecto, como si les hubiera hecho siempre beneficios. Si, mal aconsejado o por timidez, obrare de otra manera, necesitaría tener continuamente en la mano el puñal y se encontraría siempre imposibilitado de contar con la confianza de unos súbditos a quienes tantas y repetidas veces hubiese ofendido; porque, vuelvo a decir, estas ofensas deben hacerse todas de una vez, a fin de que hieran menos siendo menor el intervalo de tiempo en que se sientan; y, por el contrario, los beneficios han de derramarse poco a poco y uno a uno, para que se les tome mejor el sabor. Es necesario sobre todo que de tal manera *se* conduzca un príncipe con sus súbditos que por ningún acontecimiento mude de conducta, ni en bien ni en mal; pues para obrar mal se pierde la coyuntura oportuna luego que la fortuna se tuerce; y cuando consiste la mudanza en obrar bien, tampoco suele agradecerse, porque se cree hija de la necesidad.

Capítulo IX

DE PRINCIPATU CIVILI

[DE LOS PRINCIPADOS CIVILES]

El otro modo de adquirir la soberanía, sin emplear la traición ni la violencia, consiste en hacerse uno príncipe de su país mediante el favor y la ayuda de sus conciudadanos; por lo que a esta especie de principados puede darse el título de *civiles*. Su adquisición no siempre supone en el favorecido singular mérito ni una felicidad extraordinaria, sino mucha maña y el aprovechamiento pleno de una ocasión favorable. Ascendiéndose, digo; a la magistratura suprema del país, o a esta soberanía, por la voluntad del pueblo, o por el apoyo de los grandes; porque de estos dos elementos se derivan los diferentes partidos que pueden dividir un estado. Nace el uno de la aversión del pueblo al gobierno opresivo de los nobles, y el otro del deseo que tienen estos de gobernar al pueblo y de oprimirle; resultando de la diversidad de miras e intereses encontrados una lucha, que al fin trae ya el gobierno de uno, ya el de muchos, ya la licencia y la anarquía.

El principado procede del pueblo o de los grandes, según lo decide la fortuna; porque cuando los nobles se ven estrechados por el pueblo con exceso, suelen encontrar el medio más fácil de subyugarlo tomando por caudillo a alguno de su jerarquía y dándole el nombre de príncipe para satisfacer, bajo la sombra de una autoridad reconocida, la necesidad que tienen de dominar; y también el pueblo por su parte, y por no ceder a su enemigo, toma a las veces el partido de oponerle un plebeyo, en quien igualmente espera apoyo y protección.

Con mucho trabajo se sostiene en el principado el que asciende a tanta dignidad por favor de los nobles; porque suele hallarse rodeado de hombres, que, creyendo ser todavía iguales suyos, con dificultad se someten a su autoridad; mas aquel a quien el pueblo eleva por su gusto, campea solo, y con dificultad encuentra entre los que andan a su lado quien se atreva a oponerse a su voluntad.

Es, además, muy fácil contentar al pueblo sin cometer injusticia, y no lo es tanto contentar a los grandes; porque estos quieren ejercer la tiranía, y el pueblo se limita a evitarla. Por otra parte, puede un príncipe sin mucho trabajo contener en los límites de su deber a los nobles que le son contrarios, por ser corto su número; pero ¿cómo podrá estar seguro de la obediencia y de la fidelidad del pueblo si llega este a separar sus intereses propios de los del príncipe?

No cabe duda de que el príncipe se vería pronto abandonado de un pueblo que no le tuviese afecto, como lo sería también por los grandes contra cuyo gusto gobernase. Unos y otros van conformes en esto; pero debe el príncipe tener entendido que los grandes, sabiendo calcular mejor y sacar más partido de las circunstancias favorables, al primer revés que experimente de la fortuna le volverán la espalda para servir y hacerse gratos al vencedor. Por último, cuente el príncipe con que tiene que vivir siempre con el mismo pueblo, y no con los mismos nobles, a quienes puede a su arbitrio elevar o abatir, colmar de favores o de desgracias. Mas, a fin de ilustrar cuanto sea posible la materia, paso a examinar los dos aspectos bajo los que debe el príncipe mirar a los grandes para conocer si están o no enteramente unidos a su causa. Aquellos que dan pruebas de adhesión y celo hacia el príncipe deben ser honrados y queridos, siempre que no sean hombres entregados al robo. Entre los que rehúsan mostrar demasiado interés por la fortuna del príncipe, habrá algunos que se conduzcan mal por debilidad y cobardía, y otros habrá que lo hagan por cálculo y por miras de ambición. Procure, pues, el príncipe sacar el partido que pueda de los primeros, especialmente si tienen facultades, porque esto cederá siempre en honra suya durante la prosperidad; y cuando el tiempo fuere adverso, rara vez serían temibles los hombres de semejante carácter; pero desconfíe también de los otros como de enemigos suyos declarados, que no se contentarán con abandonarle, si la fortuna le fuese contraria, sino que luego podrían tomar las armas contra él.

Un ciudadano que asciende al principado civil por el favor del pueblo, debe cuidar mucho de conservar su afecto, lo que es fácil siempre, como que el pueblo no quiere más que no ser oprimido; pero aquel que llega a ser príncipe por la ayuda de los grandes y contra el voto del pueblo, debe ante todas las cosas procurar ganarse la voluntad de este último, y lo conseguirá protegiéndole contra los que intenten dominarlo. Cuando los hombres reciben beneficios de la mano misma del que esperaban agravios, se aficionan a su dueño con más eficacia; y así, el pueblo sometido a un príncipe nuevo, que se declara luego bienhechor suyo, se le aficiona todavía más que si el propio le hubiera espontáneamente elevado a la soberanía. Infiérese, pues, de esto que el príncipe puede granjearse la benevolencia del pueblo por diversos medios; de los cuales sería inútil hablar aquí circunstanciadamente, en atención a la dificultad de dar una regla fija y aplicable a las diferentes circunstancias. Solo diré que el príncipe necesita ganarse la voluntad del pueblo, si ha de contar con algún recurso en su adversidad. Cuando Nabis, príncipe de Esparta, se vio acometido por el ejército victorioso de los romanos y por los otros estados de Grecia, solamente tuvo un corto número de enemigos interiores que contener durante el peligro; y de este modo pudo con facilidad defender su patria y su estado; pero ciertamente hubiera sido muy contrario el éxito habiendo tenido al pueblo por enemigo.

En vano se opondría a mi opinión el manoseado proverbio que dice: «Contar con el pueblo es lo mismo que escribir en el agua». El dicho podrá ser cierto respecto a un ciudadano que lucha con enemigos poderosos o contra la opresión de los magistrados, como sucedió a los Gracos en Roma, y a Gregorio Scali en Florencia, pero a un príncipe que no le falta valor y cierta maña, que, lejos de abatirse cuando la fortuna le es contraria, sabe, tanto por su firmeza como por las disposiciones acertadas que toma, mantener el orden en sus estados, jamás le pesará de haber podido contar con el afecto del pueblo.

Un príncipe corre a su ruina cuando quiere llegar a ser absoluto, especialmente si no gobierna por sí mismo; porque entonces depende de aquellos a quienes ha confiado su autoridad, los cuales, o rehúsan obedecerle al primer movimiento que se deja sentir, o tal vez se sublevan contra él; y en este caso no es ya tiempo de pensar en hacerse absoluto: lo uno, porque no sabrá de quién fiarse, y lo otro, porque ciudadanos y súbditos están acostumbrados todos a obedecer a los magistrados, y no se acomodarían a reconocer otra autoridad. Es tanto más embarazosa la situación del príncipe en tales circunstancias, cuanto que no puede servirle de regla el estado que tienen las cosas en los tiempos ordinarios, y cuando todos sin cesar tienen que recurrir a su autoridad; porque entonces no hay nadie que no se reúna presurosamente a él, y que no se manifieste dispuesto a morir en su defensa, como que se halla lejos la muerte de que se habla; pero durante los reveses de la fortuna, presentándose la ocasión oportuna de prestar tan oficioso servicio, experimenta el príncipe de parte del pueblo, y demasiado tarde por su desgracia, que aquel ardor era poco sincero: experiencia tanto más triste y peligrosa cuanto que no suele hacerse dos veces.

Un príncipe sabio debe, por consiguiente, conducirse de modo que en todo tiempo y en cualquier trance estén persuadidos sus súbditos de que le necesitan y no pueden pasar sin él: esta será siempre la mejor garantía del celo y de la fidelidad de los pueblos.

Capítulo X

QUOMODO OMNIUM PRINCIPATUUM VIRES PERPENDI DEBEANT

[CÓMO DEBEN GRADUARSE LAS FUERZAS DE LOS GOBIERNOS]

Para la completa inteligencia de los diferentes gobiernos de que acabo de hablar, importa examinar también si el príncipe está en el caso de defenderse con sus propias fuerzas y sin recurrir a las de sus aliados cuando fuere acometido por los enemigos exteriores; y para la mayor claridad de este punto, advierto que solamente pueden sostenerse por sí mismos aquellos que se encuentran con la cantidad suficiente de hombres y de dinero para presentar en campaña un ejército, y librar batalla a cualquiera que los acometa. Es, por el contrario, demasiado triste la situación de un príncipe que se ve reducido a encerrarse en su ciudad y a esperar en ella al enemigo. Ya he hablado del primer extremo, y no me faltará ocasión de volverlo a tocar.

Acerca del segundo, no puedo menos de prevenir a los príncipes ante todas las cosas que mantengan bien abastecidas y fortificadas las ciudades de su residencia; porque, si han sabido captarse el afecto del pueblo, según ya he dicho y repetiré más adelante, pienso que nada tienen que temer. No gustan los hombres de embarcarse en empresas dificultosas sin alguna probabilidad de buen éxito; y no parece prudente y acertado asaltar a un príncipe que tiene en buen estado de defensa la ciudad donde reside, y que no está aborrecido por el pueblo.

Las ciudades de Alemania, teniendo un territorio muy reducido, gozan de mucha libertad, y solo obedecen al emperador cuando les acomoda, sin temor de que este ni otro vecino poderoso las acometa; porque todas ellas tienen buenas murallas, grandes fosos, artillería y municiones para un año; de suerte que el sitio de estas ciudades sería largo y trabajoso. Además, para alimentar al pueblo bajo, sin tocar al tesoro público, tienen siempre de reserva medios de darle trabajo durante el mismo espacio de tiempo; fuera de que también las tropas se hallan regularmente ejercitadas en las evoluciones militares, observándose con exactitud sus reglamentos sobre este ramo, que son muy sabios.

Por estas razones el príncipe que tiene una ciudad bien fortificada y está seguro del afecto de sus habitantes, no puede ser acometido con ventaja; porque las cosas de este mundo se hallan de tal modo sujetas, a mudanza, que es casi imposible se mantenga el agresor con su ejército rodando un año entero fuera de sus propios estados, y delante de una plaza que esté tan bien defendida.

Pero se dirá: «El pueblo que tiene sus bienes fuera de la ciudad y ve su destrucción, perderá al cabo la paciencia, y no podrá prevalecer tan largo tiempo en su ánimo el amor al príncipe contra el interés de conservar su hacienda y contra las incomodidades de un sitio tan dilatado». A esto respondo: un príncipe hábil y juntamente poderoso vence sin dificultad estos obstáculos, ya haciendo creer al pueblo que el sitio no puede ser largo, ya amedrentándole con la perspectiva de la venganza y de la rapacidad del vencedor, y ya también sabiéndose asegurar con habilidad de aquellos que hablen demasiado altos.

Además es claro que el enemigo tala el país luego que entra en él, y cuando los sitiados están más animosos y dispuestos para defenderse; por consiguiente, el príncipe no debe tener el menor miedo, pues una vez pasado el primer ardor, y viendo los habitantes que todo el daño está ya hecho y sin remedio, tanto más interés tomarán en la defensa de su señor cuanto mayores sacrificios tuvieren hechos por él. ¿Quién ignora que los hombres se aficionan a sus semejantes tanto por el bien que les hacen como por el que reciben?

Todas estas consideraciones me inclinan a creer que, por poca habilidad que tenga un príncipe, conseguirá sin trabajo sostener el valor de los sitiados, siempre que la plaza no esté falta de víveres ni de medios de defensa.

Capítulo XI

DE PRINCIPATIBUS ECCLESIASTICIS

[DE LOS PRINCIPADOS ECLESIÁSTICOS]

Solamente me falta hablar de los principados eclesiásticos, que no se adquieren con tanta facilidad como se conservan. La razón consiste, por una parte, en que no se consiguen si no es por el mérito o por la fortuna; y por otra, en que esta especie de gobierno se funda en las antiguas instituciones religiosas, cuyo influjo es tan poderoso que el príncipe, de cualquier modo que gobierne, se sostiene sin mucho trabajo. Los príncipes eclesiásticos son los únicos que poseen estados sin estar obligados a defenderlos, y tienen súbditos sin tomarse el trabajo de gobernarlos; son los únicos cuyas tierras se respetan, y en cuyos vasallos no hay voluntad ni medios para sustraerse de su dominio; en una palabra, son los únicos estados en que el príncipe encuentra felicidad y seguridad. Pero también, como se gobiernan por medios sobrehumanos y superiores al alcance de nuestra débil razón, sería temeridad y presunción necia en mí hablar de ellos.

No obstante, si se me pregunta cómo ha ido creciendo el poder temporal de la Iglesia desde el pontificado de Alejandro VI hasta el punto de infundir temor hoy día a un rey de Francia, arrojarle de Italia y destrozar a los venecianos, siendo así que antes de esta época no solo los potentados de este país, sino los simples barones y hasta los señores más débiles, temían tan poco al obispo de Roma, principalmente en cuanto a lo temporal; no me detendré en responder siguiendo la relación de varios hechos bastante conocidos sobre que no será inútil reflexionar.

Antes que Carlos VIII, rey de Francia, entrase en Italia, la soberanía de este país se hallaba repartida entre el rey de Nápoles, el Papa, los venecianos, el duque de Milán y los florentinos, reduciéndose la política a impedir que ninguno de ellos se engrandeciese, y a que no penetrasen en Italia las potencias extranjeras.

El Papa y los venecianos eran los más respetables de estos estados, y hubiera sido necesario, para contenerlos, nada menos que una liga de todos los demás, como se vio en la defensa de Ferrara. En cuanto al Papa, se servía de los barones romanos, que, hallándose divididos en dos facciones, los Orsini y los Colonna, tenían siempre las armas en la mano para vengar sus agravios particulares hasta en presencia del pontífice, cuya autoridad no podía menos de padecer entre estos elementos de una guerra intestina. Si alguna vez reinaban papas de un carácter bastante enérgico, como Sixto V, para reprimir semejantes abusos, la corta duración de su pontificado no permitía que se destruyese la causa. Los esfuerzos de estos pontífices se reducían a humillar por algún tiempo a una de las dos facciones, la cual volvía después a levantar cabeza en el siguiente reinado. Así es como el poder de los papas gastaba sus fuerzas estérilmente, perdiendo la reputación en lo interior de su estado y entre los extranjeros.

En semejantes circunstancias fue elevado a la cátedra pontificia Alejandro VI, y ninguno de cuantos le precedieron, ni de los que le han sucedido, ha manifestado como él de cuánto es capaz de hacer un pontífice con hombres y con dinero. Ya dije antes todo lo que hizo por el duque de Valentino, y cuando entraron los franceses en Italia; y aunque no cabe duda de que más bien buscó el engrandecimiento de su hijo que el de la Iglesia, esta, sin embargo, no dejó de sacar buen partido de sus empresas a la muerte del pontífice y del mismo duque.

Encontró, pues, Julio II, sucesor de Alejandro, el estado de la Iglesia acrecentado con toda Romania, y extinguidas las facciones de los barones romanos por el valor y la habilidad de su predecesor, quien le enseñó también el arte de atesorar. Julio aventajó en todos estos conceptos a Alejandro, pues agregó a las tierras de la Santa Sede el estado de Bolonia, redujo a los venecianos a términos de no poderle ofender, y lanzó de Italia a los franceses: sucesos tanto más gloriosos cuanto que este papa trabajó por enriquecer a la Iglesia y no a sus parientes.

Dejó Julio a los Orsini y Colonna en el estado en que los había hallado al tiempo de su exaltación; y aunque las semillas de las parcialidades antiguas subsistieron todavía, no pudieron brotar bajo el peso de un gobierno poderoso y que tuvo la sabia política de excluir del cardenalato a estas dos casas; con lo cual se agotó la fuente de las disensiones que habían despedazado la Iglesia hasta el pontificado de Alejandro, porque los cardenales suelen aprovecharse del influjo que les da esta dignidad para fomentar turbulencias dentro y fuera de Roma, en que se ven obligados a tomar parte los señores de una y otra facción; de manera que se puede asegurar verdaderamente que la discordia que hay entre los barones siempre proviene de la ambición de los prelados.

De esta suerte el pontífice reinante ha encontrado la Iglesia en el grado más alto de prosperidad. Pero si Alejandro y Julio la han consolidado por su valor, todo nos promete que León X coronará la obra por su bondad, y por otras mil calidades apreciables.

Capítulo XII

QUOT SINT GENERA MILITIAE ET DE MERCENARIIS MILITIBUS

[DE LAS DIFERENTES ESPECIES DE MILICIA Y DE LOS SOLDADOS MERCENARIOS]

Habiendo tratado minuciosamente de varias especies de estados políticos de los que me había propuesto dar noticia, y examinadas las causas de su prosperidad y su decadencia, así como los medios con que muchos los adquirieron y conservaron, me falta ahora exponer los recursos que ofrecen las diferentes clases de milicias, tanto para la guerra ofensiva como para la defensiva.

Ya he dicho que si los príncipes quieren que su poder sea durable, lo deben apoyar en cimientos sólidos. Consisten, pues, los principales fundamentos de los estados, ya sean antiguos, ya nuevos o mixtos, en las buenas leyes y en las buenas tropas; pero como no pueden existir las buenas leyes sin las buenas tropas, y como estos dos elementos del poder político siempre están unidos, me parece suficiente hablar de uno de los dos.

Las tropas que sirven para la defensa de un estado son: o nacionales o extranjeras, o mixtas. Las de la segunda clase son inútiles y peligrosas, ya se las emplee en calidad de auxiliares, o en la de asalariadas; y nunca tendrá seguridad el príncipe que cuente con tales soldados, porque hay poca unión entre ellos, son ambiciosos y no guardan disciplina ni fidelidad: valientes entre los amigos, cobardes en presencia del enemigo, sin temor de Dios y sin buena fe con los hombres; de manera que el príncipe, para retardar su caída, tiene que poner su principal estudio en evitar la ocasión de depender del valor de tales tropas. En una palabra, ellas roban al estado en tiempo de paz, como lo ejecuta el enemigo en tiempo de guerra. ¿Y cómo ha de ser otra cosa? No poniéndose al servicio del estado esta clase de tropas, sino por el interés de un salario, que nunca es tan cuantioso que equivalga al riesgo de perder la vida, solo sirven con gusto en tiempo de paz, y luego que se declara la guerra es muy difícil sujetarla a una rigurosa subordinación. Sería muy fácil de probar este punto, como que la ruina actual de Italia proviene únicamente de la confianza que se puso en las tropas mercenarias[1]. Es verdad que al principio hicieron algunos buenos servicios, y se mostraron animosos peleando contra otras tropas del país; pero luego que se presentaron los extranjeros, se acabó su valor, y mostraron lo que eran. Así es que Carlos, rey de Francia, se apoderó de Italia con la mayor facilidad, y sin más trabajo que el de ir en cada lugar señalando alojamiento a sus soldados; y no se engañaban los que decían que nuestros pecados eran la causa de aquella pérdida, porque, efectivamente, nos acarrearon tal desgracia nuestros propios

---

[1] Los grandes capitanes de Italia en los siglos xv y xvi solían andar al frente de tropas que habían levantado a sus expensas y ponerse a servir con ellas con un sueldo, ya a un príncipe, ya a otro; de modo que durante una misma guerra se los veía servir alternativamente a los dos partidos contrarios: tales fueron Bartolomé Coleoni, Jacobo Sforza, Niccolò Piccinino, etc.

descuidos, o, por mejor decir, los de los príncipes, quienes pagaron bien su merecido.

Para aclarar más esta materia, advierto que ninguna confianza puede tenerse en los jefes de semejantes cuerpos, sean buenos o malos oficiales. En el primer caso, porque aspiran a elevarse ellos mismos oprimiendo al príncipe que los emplea, u oprimiendo a otros contra los designios del mismo príncipe; y en el segundo, porque de los oficiales malos solamente puede esperarse la pronta ruina del estado que se vale de ellos.

Se me dirá tal vez que lo mismo sucederá con cualquier otro capitán que tenga tropas a su mando; a lo cual responderé exponiendo como hayan de emplearse estos ejércitos mercenarios por un príncipe o por una república. En el primer caso debe el príncipe ponerse al frente del ejército; y en el segundo, debe la república dar el mando de sus tropas a uno de sus ciudadanos. Si este no es a propósito, nómbrese otro; y si es buen capitán, téngasele con tal dependencia que no pueda excederse de las órdenes que reciba.

La experiencia nos enseña que los estados, ya sean republicanos o no lo sean, han podido acabar por sí mismos grandes empresas, y que las milicias mercenarias les han causado siempre perjuicio; pero con respecto a las repúblicas, añado que podrán librarse mejor de la opresión del que mande sus tropas cuando estas sean nacionales que cuando fueren extranjeras. Roma y Esparta se mantuvieron libres muchos siglos con las milicias de su país; y actualmente, si son tan libres los suizos, es porque ellos mismos están bien armados.

En prueba de lo que acabo de decir sobre el peligro de valerse de tropas extranjeras, podrían citarse los cartagineses y los tebanos. Los primeros, sin embargo, de tener por capitanes a sus propios ciudadanos, se vieron a pique de caer bajo la tiranía de las milicias extranjeras que tenían a sueldo al fin de su primera guerra con los romanos; y en cuanto a los de Tebas, se sabe que, habiendo conseguido Filipo de Macedonia que le diesen el mando de sus tropas después de la muerte de Epaminondas, únicamente domó a los enemigos de esta república para sujetarla.

Juana II, reina de Nápoles, viéndose abandonada de Sforza, general de sus tropas, tuvo necesidad de ponerse en manos del rey de Aragón para conservar el trono. ¿Y a Francisco Sforza, hijo del susodicho, no le vimos unirse a los venecianos después de haberlos derrotado en Caravaggio para oprimir a los milaneses, que le habían confiado el mando de sus tropas por muerte de su duque, Felipe María Visconti?

Se me replicará tal vez que los venecianos y los florentinos han aumentado sus respectivos estados valiéndose únicamente de las milicias extranjeras mercenarias, y que con todo eso sus generales siempre les han servido bien, sin que ninguno de ellos se haya alzado con la soberanía. A esto respondo que los florentinos han tenido mucha dicha, porque sus capitanes, cuya ambición podían temer, o no fueron vencedores, o encontraron obstáculos, o pusieron sus miras en otra parte. Puede contarse entre los primeros a Juan Acuto[2], cuya fidelidad no quedó bien probada; pero es muy claro que, si hubiera sido vencedor, se hallaban a su discreción los florentinos.

Si los Braccio y Sforza no conspiraron contra el estado al que servían, fue porque, siendo rivales, se celaban uno a otro. No obstante, se sabe que el hijo de este último dirigió su ambición contra Lombardía, y Braccio contra el estado ecle-

---

[2] Capitán inglés que al frente de cuatro mil hombres de su nación combatía por cuenta de los gibelinos de Toscana.

siástico y el reino de Nápoles; pero volvamos a lo que hemos visto de poco acá.

Dieron los florentinos el mando de sus tropas a Paulo Vitelli, hombre de común extracción, pero prudentísimo, que, estando retirado de los negocios públicos, adquirió una reputación muy grande luego que se le elevó a aquel puesto; pero si este general hubiera tomado Pisa, habría corrido mucho riesgo de perderse la libertad de los florentinos o su existencia política, pues para ello bastaba que se hubiese pasado con sus tropas al servicio de los enemigos. Por lo que toca a los venecianos, es evidente también que jamás han debido sus adelantamientos sino a sus propias armas, quiero decir, a la guerra marítima; comenzando la época de su decadencia desde que quisieron pelear por tierra y adoptar los usos y costumbres de los otros pueblos de Italia.

Sin embargo, tuvieron poco que temer de la ambición de sus generales, mientras fueron poco considerables sus posesiones en tierra firme, porque se sostenían aún con el esplendor de su poder antiguo. Mas no tardaron en reconocer su error, luego que extendieron sus conquistas bajo el mando del capitán Carmañola. Viendo que un hombre tan hábil y alentado como este, militando por cuenta de ellos contra el duque de Milán, y después de haberle derrotado, se dejaba abatir, y procuraba alargar la guerra, juzgaron con razón que no volverían a vencer porque aquel general no lo quería; y por otra parte no pudiendo despedirle sin perder lo que habían ganado por su valor, tomaron el partido de quitarlo del mundo.

Tuvieron después los venecianos por generales a Bartolomé Coleoni, de Bérgamo; a Roberto, de San Severino; al conde de Pitigliano y otros semejantes, de quienes podían esperar más pérdidas que ganancias, como les sucedió en la jornada de Vaila, donde sepultaron el fruto de ochocientos años de fatigas y trabajos. Los adelantamientos que se consiguen con semejante milicia son endebles y lentos, al paso que las derrotas son rápidas y casi prodigiosas.

Ya que estos ejemplos me han traído a hablar de Italia y de la triste experiencia que le ha enseñado los peligros de valerse de milicias extranjeras, tomaré las cosas desde más arriba, a fin de que el conocimiento de su origen y progresos sirva a lo menos para precaver efectos más funestos todavía. Para ello es necesario tener presente que, luego que el imperio perdió el poder y respeto de que hasta entonces había gozado Italia, y principió a tomar consistencia en ella la autoridad del Papa, fue dividido este país en muchos estados.

La mayor parte de las ciudades grandes tomó las armas contra la nobleza, que, apoyada por el emperador, las tenía gimiendo en la opresión más cruel; ayudólas el Papa en estas empresas, y por este medio acrecentó su poder temporal.

Otras cayeron bajo la dominación de sus mismos ciudadanos; de suerte que Italia vino a ser súbdita de la Iglesia y de algunas repúblicas.

Los príncipes eclesiásticos, ignorantes del arte de la guerra, fueron los primeros que se sirvieron de tropas mercenarias; y Alberico de Conio, natural de Romania, fue quien dio más crédito a esta especie de milicia. Formáronse en su escuela los Braccio y Sforza, que fueron entonces árbitros de Italia, y a estos han sucedido todos aquellos que hasta el día han mandado los ejércitos en este país.

De sus famosas hazañas proviene que la hermosa Italia haya sido invadida por Carlos VIII, saqueada y devastada por Luis XII, oprimida por Fernando e insultada por los suizos. Los jefes de estas milicias errantes comenzaron luego a despreciar la infantería, lo uno para hacerse ellos mismos más necesarios, y lo otro porque, no teniendo estados y subsistiendo únicamente de su industria, nada podían emprender con un cuerpo pequeño de infantería, ni tampoco mantener otro más considerable. Vieron, pues, que la cuenta les salía mejor con la caballería, y proporcionaban el número de los jinetes con los recursos del país que había de alimentarla, llegando el caso de contarse apenas dos mil infantes en un ejército de veinte mil hombres. Agrégase a esto que, para hacer menos penoso su oficio, y de menor peligro sobre todo, se habían puesto sobre el pie de no matarse unos a otros en las escaramuzas, ciñéndose a hacer prisioneros, que también se devolvían sin rescate. Nunca daban un asalto por la noche, ni el sitiado tampoco hacía salida alguna de su plaza en aquellas horas; no acampaban sino en el buen tiempo, y, en fin, no formaban atrincheramiento en sus campos. Con una disciplina tan extravagante, e inventada de propósito para huir del peligro, no podía tardar Italia en verse esclavizada, y en perder enteramente la reputación de que hasta entonces había gozado.

Capítulo XIII

DE MILITIBUS AUXILIARIIS
MIXTIS ET PROPIIS

[DE LAS TROPAS AUXILIARES,
MIXTAS Y NACIONALES]

Llámanse tropas auxiliares las que un príncipe recibe prestadas de sus aliados para su socorro y defensa. Habiendo experimentado a pesar suyo el papa Julio II en la empresa de Ferrara el peligro de valerse de milicias mercenarias, recurrió a Fernando, rey de España, quien se obligó por un tratado a enviarle tropas de socorro.

Esta especie de milicia puede ser útil a quien la envía; pero siempre es funesta al príncipe que se sirve de ella, porque, si es vencida, él es quien sufre la pérdida, y si vencedora, queda a su discreción. Llena está la historia antigua de ejemplos, que lo confirman; pero me limitaré a contar uno reciente. Queriendo Julio II apoderarse de Ferrara, pensó encargar el cuidado de esta expedición a un extranjero; mas por fortuna suya ocurrió un incidente que le salvó de haber pagado bien cara semejante imprudencia. Fue el caso que, habiendo sido derrotadas sus tropas auxiliares en Rávena, se vio el vencedor acometido inopinadamente por los suizos, que le pusieron en huida; y de esta suerte se libró el pontífice, no solo del enemigo, que fue vencido posteriormente, sino de sus tropas auxiliares, que tan poca parte tuvieron en la victoria alcanzada.

Habiendo determinado los florentinos poner sitio a Pisa, y careciendo de milicias nacionales, tomaron a su servicio diez mil franceses; falta que les acarreó mayores males que los que hasta entonces habían padecido. El emperador de Constantinopla, amenazado por sus vecinos, metió en Grecia diez mil turcos, a quienes no pudo echar de allí concluida la guerra, y quedó esta provincia sujeta a los infieles.

Aquel, pues, que quiera ponerse en estado de no ser vencedor, no necesita más que valerse de estas milicias, que son peores que las tropas mercenarias, porque forman un cuerpo solamente sujeto a la obediencia de un extraño. Por el contrario, si se levanta esta última clase de milicias por quien las emplea y paga, y forman un cuerpo separado, no será tanta la contingencia de que sean perjudiciales una vez vencido el enemigo; porque, siendo nombrado el jefe por el mismo príncipe, no puede de un golpe adquirir bastante autoridad sobre el ejército para hacerle que convierta las armas contra el que le paga. En fin, yo creo que tanto debe temerse el valor de las tropas auxiliares como la cobardía de las mercenarias; y que un príncipe prudente más bien querrá exponerse a ser batido con sus propias tropas que vencer con las extranjeras; además de que no es verdadera victoria la que se consigue por medio de un socorro extraño.

En prueba de esta proposición no puedo menos de citar el ejemplo de César Borja. Se apoderó de Imola y de Forli valiéndose del auxilio de las francesas; viendo desde luego que no podía contar con su fidelidad, recurrió a la milicia mercenaria que capitaneaban los Orsini y los Vitelli, como menos temible; y encontrando después este príncipe tan poca seguridad en unas como en otras, tomó el partido de deshacerse de todas ellas y no volvió a servirse sino de sus propios soldados.

Si se quiere conocer la gran diferencia que hay entre estas dos especies de milicia, compárense las campañas del mismo duque, teniendo a sueldo suyo a los Orsini y los Vitelli, con las que hizo el frente de sus propias tropas; porque nunca pudo conocerse bastante su talento hasta que fue dueño absoluto de sus soldados.

Bien quisiera ceñirme a los ejemplos sacados de la historia moderna de Italia; pero viene tan al caso el de Hierón, tirano de Siracusa, de quien ya he hablado, que no lo puedo omitir. Habíale confiado esta ciudad el mando de sus tropas, compuestas de extranjeros mercenarios; y no tardando aquel general en reconocer cuán poco podía prometerse de semejante milicia asalariada, cuyos jefes se conducían casi como nuestros italianos; viendo ya claramente que sin peligro no podía servirse de ella ni licenciarla, tomó la violenta resolución de destruirla, y sostuvo después la guerra con sus propios soldados.

También citaré otro pasaje histórico sacado del *Viejo Testamento*. Habiéndose ofrecido David a salir a pelear contra el temible filisteo Goliat, el rey Saúl, para encender su ánimo, le armó con su espada, su morrión y su coraza; pero viendo David que más le servían de embarazo que de provecho estas armas, declaró que, para vencer a su enemigo, no necesitaba de otras que su propia honda y el cuchillo. Rara vez le viene a uno bien la armadura ajena; lo más común es que venga demasiado estrecha o demasiado holgada.

En fin, o la milicia extranjera sirve de carga muy pesada, o abandona al que la busca cuando podría ser útil, o se vuelve contra el mismo que se vale de ella. Carlos VII, padre de Luis XI, después que con su valor libró a Francia de los ingleses y quedó convencido de la necesidad de combatir con sus propias fuerzas, estableció por todo el reino compañías regladas de caballería y de infantería. El citado Luis suprimió después los infantes, y en su lugar instituyó a los suizos; mas esta falta, que cometieron también sus sucesores, es el origen de los infortunios de aquel estado, como se ve en el día; porque acreditando estos reyes la milicia helvética, envilecieron la suya propia, que, habiéndose acostumbrado a combatir al lado de los suizos, cree que no puede vencer sin ellos; de suerte que los franceses ni se atreven a pelear contra los suizos ni a hacer la guerra a nadie sin ellos. Son, pues, los ejércitos franceses en parte mercenarios y en parte nacionales; mezcla que les hace superiores a las tropas puramente asalariadas o puramente auxiliares, pero inferiores con mucho a las que se forman en el mismo país. El ejemplo que acabo de citar basta para probar que Francia sería invencible si hubiera observado fielmente las disposiciones militares de Carlos VII; mas llega a tanto por desgracia la imprudencia de los hombres, que entran a ciegas en las empresas, prometiéndose ventajas imaginarias y dejándose llevar de apariencias lisonjeras, sin conocimiento ni previsión del mal que está oculto, como sucede con la calentura hética de que ya he hablado.

Así que no es verdaderamente sabio el príncipe que no conoce los males, sino cuando ya no es tiempo de remediarlos. Conocerlos a tiempo es ciencia poco común entre ellos.

La primera causa de la decadencia del imperio romano fue haber tomado a sueldo a los godos, circunstancia que dio crédito a estos bárbaros a costa de la milicia romana.

Un príncipe que no puede defender sus estados sino con tropas extranjeras, se halla a la merced de la fortuna y sin recurso alguno en la adversidad. Es máxima generalmente recibida que nada hay tan endeble como el poder que no se apoya en sí mismo; es decir, que no se defiende por sus propios ciudadanos, sino por medio de extranjeros, ya sean aliados, ya sean asalariados. No es difícil poner en pie una milicia nacional empleando los mismos medios de que se sirvieron con tanta habilidad Filipo, padre de Alejandro Magno, y otros muchos estados, tanto monárquicos como republicanos, de los cuales he hablado ya en mis escritos anteriores: el lector puede consultar las constituciones de aquellos pueblos para acabar de instruirse en esta materia[1].

---

[1] Nihil rerum mortalium tam instabile ac fluxum est, quam fama potentiae non sua vi nixa. «Entre las cosas caducas de este mundo no hay una tan inestable y vacilante como la reputación de una potencia que no puede apoyarse en sus propias fuerzas» (Tácito, Annal.).

Capítulo XIV

QUOD PRINCIPEM DECEAT
CIRCA MILITIAM

[DE LAS OBLIGACIONES DE UN PRÍNCIPE
CON RESPECTO A LA MILICIA]

El arte de la guerra es el único estudio a que deben dedicarse los príncipes, por ser propiamente la ciencia de los que gobiernan. De sus progresos en ella pende la conservación de sus propios estados y su acrecentamiento; de modo que, por haberse aventajado en este estudio, han subido muchas veces los simples particulares a la dignidad suprema, al paso que en otras cayeron de ella vergonzosamente los soberanos por entregarse a un cobarde y afeminado reposo. Ciertamente consiste la pérdida de los estados en el desprecio de un arte tan importante, y en su cultivo la adquisición de otros nuevos, así como la estable y pacífica posesión de los adquiridos.

Francisco Sforza, de simple particular, llegó a ser duque de Milán, porque tenía a su disposición un ejército que sabía dirigir; y sus hijos, de duques que eran, quedaron reducidos a simples particulares por no haber heredado el talento de su padre. Nada de extraño hay en esto, porque ninguna cosa contribuye tanto a que pierda un príncipe la autoridad de que goza como el no ser capaz de ponerse al frente de sus tropas; y por lo mismo, de nada debe cuidar tanto como de no envilecerse en el aprecio de sus súbditos, según probaré después.

Así como no puede establecerse comparación alguna entre los hombres armados y los inermes, del mismo modo sería absurdo esperar que los últimos mandasen y los primeros obedeciesen. Un príncipe desarmado no puede tener seguridad ni sosiego en medio de súbditos armados; pues estos despreciarán siempre a los demás y le serán justamente sospechosos. ¿Y cómo podrían trabajar de común acuerdo? En una palabra, el príncipe que no conoce el arte de la guerra no puede granjearse la estimación de sus tropas, ni fiarse de ellas[1].

Tienen, pues, los príncipes necesidad de dedicarse enteramente al arte de la guerra, el cual exige, junto con un estudio o trabajo mental, el ejercicio de las armas. Comenzando por este último, debe esmerarse el príncipe en que sus tropas estén bien disciplinadas y ejercitadas con regularidad. La caza le acostumbrará mejor que cualquier otra cosa a la fatiga y al sufrimiento de las intemperies del aire; este ejercicio le enseñará también a observar los sitios y las posiciones, a conocer la naturaleza de los ríos y de las lagunas, a medir la extensión de las llanuras y de los montes; y al mismo tiempo irá adquiriendo el conocimiento topográfico del país que ha de defender, y se habituará poco a poco a reconocer los lugares donde podrá luego conducir la guerra. Como, por ejemplo, los valles y llanuras de Toscana, y del mismo modo los ríos y pantanos, son semejantes a los de los otros países, el estudio de uno puede servir para el conocimiento de los demás.

---

[1] Se deja conocer que esto es únicamente aplicable al gobierno de uno solo y de un conquistador.

Es ciertamente este estudio utilísimo para los que mandan ejércitos; y el general que lo desprecie, no sabrá nunca encontrar al enemigo, ni guiar sus tropas, ni acamparlas, ni dar oportunamente una batalla. Los historiadores griegos y romanos alaban con mucha razón a Filopemen, príncipe de los aqueos, por su aplicación suma al estudio del arte militar durante la paz. En sus viajes se detenía muchas veces con sus amigos, y les preguntaba cuál de dos ejércitos tendría superioridad si el uno estuviese colocado sobre tal altura, y ocupara el otro tal lugar; cómo aquel que suponía estar a su mando podría acercarse al contrario y presentarle batalla; cómo debería conducirse para hacer su retirada, o para dar caza al enemigo en caso que él se retirase. Proponíales del mismo modo todos los lances que pueden ocurrir en la guerra, escuchaba su dictamen con atención, y por último daba el suyo razonado. Así rara vez le sucedía ser sorprendido por sucesos imprevistos.

En cuanto a la parte del arte militar que se aprende en el gabinete, debe el príncipe leer la historia, poniendo particular atención en las hazañas de los grandes capitanes, y examinando bien las causas de sus victorias y de sus derrotas; sobre todo conviene seguir el ejemplo de varios hombres célebres que se propusieron imitar algún modelo de la antigüedad y seguir sus huellas. Alejandro el *Grande* se inmortalizó procurando imitar a Aquiles; César, imitando al mismo Alejandro, y Escipión, a Ciro. De manera que si nos tomamos el trabajo de confrontar la vida de Escipión y la de Ciro, escrita por Jenofonte, veremos que el romano fue generoso, afable, humano y continente como su modelo.

Estas son las ocupaciones más dignas de un príncipe sabio en tiempo de paz, a fin de que, si la fortuna se muda, pueda ponerse a cubierto de sus golpes.

Capítulo XV

DE HIS REBUS QUIBUS HOMINES ET PRAESERTIM PRINCIPES LAUDANTUR AUT VITUPERANTUR

[POR QUÉ COSAS LOS HOMBRES, Y EN PARTICULAR LOS PRÍNCIPES, MERECEN SER ALABADOS O VITUPERADOS]

Trátase al presente de examinar la conducta que ha de observar un príncipe con sus súbditos y con sus amigos; y aunque otros han hablado ya de esta materia, no pienso, sin embargo, que se atribuirá a presunción el atreverme a presentarla aquí de una manera diferente. Como mi objeto es escribir para aquellos que juzgan sin preocupación, hablaré de las cosas como son en la realidad, y no como el vulgo se las pinta.

Figúrase a veces la imaginación repúblicas y gobiernos que nunca han existido; pero hay una distancia tan grande del modo como se vive al como deberíamos vivir, que aquel que reputa por real y verdadero lo que sin duda debería serlo, y no lo es por desgracia, corre a una ruina segura e inevitable. Así que no temeré decir que el que quiera ser bueno absolutamente con los que no lo son, no podrá menos de perecer tarde o temprano. Por esto el príncipe que desee serlo con seguridad, debe aprender a no ser siempre bueno, sino a ser lo que exijan las circunstancias y el interés de su conservación.

Dejando a un lado, pues, las ideas falsas que muchos se forman de los príncipes, y deteniéndose en las que son verdaderas, digo que nunca se habla de un hombre o sujeto determinado, y en especial de un príncipe, sin atribuirle algún mérito o demérito, alguna buena o mala prenda. El uno es liberal; el otro, avaro; aquel da con franqueza; este es codicioso; en una palabra, es un hombre de honor o sin fe, es afeminado y pusilánime, o valeroso y emprendedor, humano o cruel, afable o altanero, de vida arreglada o intemperante, bribón u hombre de bien, dócil o duro y áspero, grave o alocado, religioso o impío.

Gran dicha sería a la verdad hallar un príncipe que reuniera todas las buenas prendas que he señalado; pero como nuestra naturaleza no es capaz de tanta perfección[1], es necesario a lo menos que tenga el príncipe bastante prudencia para preservarse de aquellos vicios y defectos que pudieran perderle. Debe librarse también, si le es posible, de los otros defectos menores que no pueden comprometer su seguridad ni la posesión de sus estados; mas, si fuese superior a sus fuerzas el librarse de ellos, no debe incomodarse para no incurrir en las faltas graves que causarían su ruina. Tampoco debe reparar en que se vituperen en él los vicios que son útiles para la conservación de sus estados; porque, bien meditadas las cosas, tal calidad, que parece buena y laudable, le perdería inevitablemente, y de tal otra, que parecerá mala y viciosa, dependerá su conveniencia y seguridad.

---

[1] Dice Plinio el *Joven*: «Las virtudes residen en el hombre cerca de algún vicio, y así participan siempre de este fatal contacto».

Capítulo XVI

DE LIBERALITATE ET PARSIMONIA

[DE LA LIBERALIDAD Y DE LA PARSIMONIA]

Comenzando por las primeras calidades de que acabo de hablar, confieso que es muy bueno acreditarse un príncipe de liberal; pero peligroso también ejercitar la liberalidad de manera que no sea después temido ni respetado. Voy a explicarme: si el príncipe se muestra liberal en el grado conveniente, quiero decir, con medida y discernimiento, contentará a pocos, y será tenido por avaro. Por otra parte, un príncipe deseoso de que su liberalidad sea ponderada, no repara en ninguna clase de gastos; y para mantener esta reputación suele luego verse obligado a cargar de impuestos a sus vasallos y a echar mano de todos los recursos fiscales, lo que no puede menos de hacerle aborrecible; fuera de que, agotado el tesoro público con su prodigalidad, no solo pierda su crédito y se expone también a perder sus estados al primer revés de la fortuna, sino que al cabo gana con sus liberalidades mayor número de enemigos que de amigos, como sucede todos los días. Lo más singular es que tampoco podrá mudar de conducta ni moderarse, sin que al instante se le tache de avaro. Supuesto, pues, que un príncipe no puede ser liberal sino a tanta costa, haga poco caso de que le tengan por mezquino y avaro; sobre todo si, mediante la economía, logra que sus rentas alcancen a cubrir sus gastos, y que sin necesidad de echar nuevas contribuciones, se halla en disposición de defender sus estados, y aun de intentar empresas útiles.

Cuente entonces con que le tendrán por bastante liberal todos aquellos a quienes nada quite, que serán los más y los mejores, y que al contrario será siempre muy corto el número de los que le acusen de avaro, porque no les dé todo lo que piden. Es notable que en nuestros días solamente hayamos visto hacer cosas grandes a los que han tenido opinión de avaros, y que se han arruinado todos los demás. Julio II consiguió el pontificado por sus liberalidades; pero luego juzgó muy bien que, para sostener la guerra contra el rey de Francia, le serviría de poco la reputación de liberal que había adquirido; y así procuró que sus ahorros le pusieran en estado de soportar la guerra sin exigir nuevas contribuciones. El actual rey de España[1] jamás hubiera emprendido y acabado con éxito sus empresas si hubiese sido liberal.

Así, pues, un príncipe, para no llegar a ser pobre, para poder en caso de invasión defender sus estados y no recargar a sus súbditos con nuevos impuestos, no debe sentir que se le tenga por avaro, supuesto que en este malamente llamado vicio consisten la estabilidad y la prosperidad de su gobierno. Se dirá acaso que César consiguió el imperio por sus liberalidades, y que otros muchos se han elevado por el ejercicio de la misma calidad, mas a esto respondo que es muy diferente el estado de un príncipe del de un hombre que aspira a serlo. Si César

---

[1] Fernando II de Aragón, consorte de Isabel I de Castilla: los Reyes Católicos.

hubiera vivido más, o habría perdido la reputación de liberal que le abrió el camino del imperio, o se hubiera perdido a sí mismo queriendo conservarla.

Se cuenta, no obstante, algunos príncipes que han hecho proezas con sus ejércitos, distinguiéndose siempre por su liberalidad; pero esto dependía de que sus dádivas no eran gravosas al tesoro público: tales fueron Ciro, Alejandro y el mismo César. El príncipe debe usar con economía de sus bienes y de los de sus súbditos; pero debe ser pródigo de los que tomare al enemigo, si quiere ser amado de sus tropas. No hay virtud que tanto se gaste por sí misma, si puede decirse así, como la generosidad. El demasiado liberal no lo será largo tiempo, se quedará pobre y será despreciado, a menos que no sacrifique a sus súbditos con continuos tributos y demandas; y entonces se hará odioso. Nada debe temer tanto un príncipe como ser aborrecido y despreciado; y la liberalidad conduce a estos dos escollos. Si fuese necesario escoger entre dos extremos, siempre valdría más ser poco liberal que serlo demasiado; puesto que lo primero, aun cuando sea poco glorioso, no acarrea menos, como lo segundo, el aborrecimiento y el menosprecio.

Capítulo XVII

DE CRUDELITATE ET PIETATE ET AN SIT MELIUS AMARI VEL TIMERI, VEL E CONTRA

[DE LA CRUELDAD Y DE LA CLEMENCIA; Y SI VALE MÁS SER AMADO QUE TEMIDO]

Paso ahora a tratar de las otras calidades que se requieren en los que gobiernan. No hay duda en que un príncipe debe ser clemente, pero a tiempo y con medida. César Borja fue tenido por cruel; mas a su crueldad debió las ventajas de unir Romania a sus estados, y de restablecer en esta provincia la paz y la tranquilidad de que se había visto privada largo tiempo. Bien considerado todo, se confesará que este príncipe fue más clemente que el pueblo de Florencia, el cual, por evitar la tacha de cruel, dejó destruir a Pistoya. No debe hacerse caso de la nota de crueldad cuando se trata de contener al pueblo dentro de los límites de su deber; porque al fin se sabe que ha sido uno más humano haciendo un corto número de castigos indispensables que aquellos que, por demasiada indulgencia, provocan el desorden, de que resultan luego la rapiña y la muerte; como que los tumultos comprometen la seguridad del estado, o lo destruyen, al paso que la pena impuesta por el príncipe a los delincuentes solo recae sobre algunos particulares.

Pocas veces un príncipe nuevo se salva de la nota de cruel, porque está llena de peligros toda dominación nueva; y así Dido (en Virgilio) se disculpa de la severidad de que usaba con el apuro a que la había reducido el interés de sostenerse en un trono que no había heredado de sus abuelos: *Res dura, et regni novitas me talia cogunt moliri, et late fines custode tueri.*

No es conveniente tampoco que el príncipe tenga miedo de su sombra, ni que escuche con demasiada facilidad las relaciones siniestras que le cuenten; antes bien debe ser muy circunspecto, tanto para creer como para obrar, sin desentenderse de los consejos de la prudencia, pues hay un medio racional entre la seguridad loca y la desconfianza infundada. Algunos políticos disputan acerca de si es mejor que el príncipe sea más amado que temido, y yo pienso que de lo uno y de lo otro necesita. Pero, como no es fácil hacer sentir en igual grado a los mismos hombres estos dos efectos, habiendo de escoger entre uno y otro, yo me inclinaría al último con preferencia. Es preciso confesar que generalmente los hombres son ingratos, disimulados, inconstantes, tímidos e interesados. Mientras se les hace bien, puede uno contar con ellos: nos ofrecerán sus bienes, sus propios hijos, su sangre y hasta la vida; pero, como ya tengo dicho, todo ello dura mientras el peligro está lejos, y cuando este se acerca, su voluntad y la ilusión que se tenía desaparecen al mismo tiempo. El príncipe que hiciera caudal de tan lisonjeras palabras, y no cuidara de estar preparado para cualquier evento que pudiese sobrevenir, se hallaría muy expuesto a arruinarse; porque los amigos que se adquieren a costa de dinero, y no en virtud de las prendas del ánimo, rara vez se conservan durante los contratiempos de la fortuna; y no hay cosa más frecuente que verse uno abandonado de ellos al llegar la ocasión en que más lo necesita. Generalmente se hallan los hombres más prontos a contemplar al que temen que al que se hace amar, lo cual consiste en que siendo esta amistad una unión puramente moral o de obligación nacida de un beneficio recibido, no puede subsistir contra los cálculos del interés; en lugar de que el temor tiene por objeto el apartamiento de una pena o castigo, de cuya idea la impresión que recibe el ánimo es más profunda. Sin embargo, el príncipe no debe hacerse temer tanto que deje de ser amable y merezca que le aborrezcan; no siendo difícil encontrar un buen medio, y mantenerse en él. Bástale para no ser aborrecido respetar las propiedades de sus súbditos y el honor de sus mujeres. Cuando se halle en la necesidad de imponer la pena de muerte, manifieste los motivos que tuviere, y sobre todo no toque a los bienes de los condenados, porque es preciso confesar que más pronto olvidan los hombres la muerte de sus parientes que la pérdida de su patrimonio. Por otra parte, tiene el príncipe sobradas ocasiones de tomar los bienes ajenos, si se propone vivir de la rapiña; al paso que son mucho más raras las de derramar la sangre de sus súbditos y se acaban más pronto.

Pero hallándose el príncipe al frente de su ejército y teniendo bajo sus órdenes una multitud de soldados, no debe hacer caso de que entre ellos se le tenga por cruel, respecto a que le será útil esta misma reputación para mantener la tropa en la obediencia y para evitar toda especie de facción.

Entre otras prendas admirables poseía Aníbal la de hacerse temer de sus soldados en tanto grado, que, habiendo conducido a país extranjero un ejército numerosísimo, compuesto de todo linaje de gentes, no tuvo que castigar el menor desorden ni la falta más ligera contra la disciplina, ya siéndole la fortuna favorable, ya siéndole contraria; efecto que solamente puede atribuirse a su extremada severidad y a las demás dotes que le hacían respetar y ser temido del soldado, sin lo cual ni su ingenio ni su valor le hubiesen sido útiles.

Hay, sin embargo, escritores tan poco juiciosos, en mi opinión, que, aunque hagan el debido elogio de las grandes empresas de Aníbal, no aprueban semejante máxima; pero nada le justifica tanto en esta parte como el ejemplo de Escipión, uno de los mayores capitanes que nos da a conocer la historia de Roma. La excesiva indulgencia suya con las tropas que mandaba en España no produjo sino desórdenes, y últimamente una insurrección general; por lo que Fabio Máximo le echó en cara, delante del senado pleno, que había estragado la milicia romana. Habiendo dejado sin castigo el mismo general la bárbara conducta de uno de sus tenientes con los locrienses, dijo un senador, para justificarle, que había hombres a quienes era mucho más fácil no cometer yerros que castigarlos. Semejante exceso de indulgencia hubiera con el tiempo deslucido la reputación y gloria de Escipión si hubiese continuado mandando y conservara las mismas disposiciones; pero, lejos de perjudicarle, redundó todo en mayor honra suya, porque vivía bajo el gobierno del senado.

Concluyo, pues (volviendo a mi primera cuestión acerca de si vale más ser amado que temido), que, como los hombres aman por libertad o por capricho, y, por el contrario, temen según el gusto del que los gobierna, un príncipe prudente no debe contar sino con lo que está a su disposición; pero sobre todo cuide, según ya tengo advertido, de hacerse temer, sin llegar a ser aborrecible.

Capítulo XVIII

QUOMODO FIDES A PRINCIPIBUS SIT SERVANDA

[SI LOS PRÍNCIPES DEBEN SER FIELES A SUS TRATADOS]

Ciertamente es muy laudable en un príncipe la exactitud y fidelidad en el cumplimiento de sus promesas, y que no eche mano de sutilezas y artificios para eludirle; pero la experiencia de estos tiempos nos demuestra que entre los más que se han distinguido por sus hazañas y prósperos sucesos, hay muy pocos que hayan hecho caso de la buena fe, o que escrupulizaran de engañar a otros cuando les tenía cuenta y podían hacerlo impunemente[1].

Sépase, pues, que hay dos modos de defenderse: el uno con las leyes, y el otro con la fuerza: el primero es propio y peculiar de los hombres, y el segundo común con las bestias. Cuando las leyes no alcanzan, es indispensable recurrir a la fuerza; y así un príncipe ha de saber emplear estas dos especies de armas,

---

[1] Los romanos pintaban a Jano con dos caras y lo veneraban como al más prudente de todos los antiguos reyes de Italia por la doblez de sus tratos y palabra, en que consistía toda su prudencia, según Macrobio.

como finalmente nos lo dieron a entender los poetas en la historia alegórica de la educación de Aquiles y de otros varios príncipes de la antigüedad, fingiendo que le fue encomendada al centauro Quirón; el cual, bajo figura de hombre y de bestia, enseña a los que gobiernan que, según convenga, deberán valerse del arma de cada una de estas dos clases de animales, porque sería poco durable la utilidad del uso de la una sin el concurso de la otra.

De las propiedades de los animales debe tomar el príncipe las que distinguen de los demás al león y a la zorra. Esta tiene pocas fuerzas para defenderse del lobo, y aquel cae fácilmente en las trampas que se le arman; por lo cual debe aprender el príncipe, del uno a ser astuto para conocer la trampa, y del otro a ser fuerte para espantar al lobo. Los que solamente toman por modelo al león, y desdeñan imitar las propiedades de la zorra, entienden muy mal su oficio[2]: en una palabra, el príncipe prudente, que no quiere perderse, no puede ni debe estar al cumplimiento de sus promesas, sino mientras no le pare perjuicio, y en tanto que subsisten las circunstancias del tiempo en que se comprometió.

---

[2] Esta era, según Plutarco, la máxima favorita del célebre Lisandro, que acabó la guerra interminable del Peloponeso, destruyó la democracia en Atenas y se señaló por el número y lustre de sus conquistas. Echábanle en cara que había alcanzado algunos triunfos por medios ruines y artificiosos; y él respondía, riéndose, que «creía haber debido valerse de la astucia de la zorra cuando no era suficiente la fuerza del león, y que el fraude y la maña debían alcanzar lo que no pudiesen los medios razonables y equitativos». Este mismo Lisandro decía que a los hombres se los entretiene con palabras y juramentos, así como se divierte a los niños con juguetes y meriñaques (*In Lacedem*).

Ya me guardaría yo bien de dar tal precepto a los príncipes si todos los hombres fuesen buenos; pero como son malos y están siempre dispuestos a quebrantar su palabra, no debe el príncipe solo ser exacto y celoso en el cumplimiento de la suya[3]; él siempre encontrará fácilmente modo de disculparse de esta falta de exactitud. Pudiera dar diez pruebas por una para demostrar que en cuantas estipulaciones y tratados se han roto por la mala fe de los príncipes, ha salido siempre mejor librado aquel que ha sabido cubrirse mejor con la piel de la zorra[4]. Todo el arte consiste en representar el papel con propiedad y en saber disimular y fingir; porque los hombres son tan débiles y tan incautos que cuando uno se propone engañar a los demás, nunca deja de encontrar tontos que le crean.

Solamente citaré un ejemplo tomado de la historia de nuestro tiempo. El papa Alejandro VI se divirtió toda su vida en engañar; y aunque su mala fe estaba bien probada y reconocida, siempre le salían bien sus artificios. Jamás se detuvo en prometer ni en afirmar sus palabras con juramento y las más solem

---

[3] *Par pari referto.*

[4] En efecto, podía Maquiavelo sacar muchos ejemplos de la historia antigua, como el de Archidamo, que inducía a los griegos a violar sus tratados con Antígono y Cratero, diciéndoles: «Que Dios había dado a la oveja un lenguaje solo y al hombre muchos, distintos unos de otros para que pudiera emplearlos todos en el logro de sus deseos». Refiriendo Plutarco estas expresiones de Archidamo, añade que por ellas daba a entender que un estado, o el príncipe su representante, pueden quebrantar la palabra dada cuando les tiene mucha cuenta, conviniendo realmente el filósofo griego en que de todos los animales no hay uno cuya voz sea susceptible de tantas modificaciones como la del hombre. (Plut. *In Lacedem.*) Al fin del siglo XVIII escribía el abate Mably que de estas máximas de Maquiavelo podían sacarse consecuencias útiles para *la humanidad*, (véanse en sus *Principios de las negociaciones* los consejos que da a las potencias de segundo orden).

nes protestas; pero tampoco se habrá conocido otro príncipe que menos se sujetara a estos vínculos, porque conocía a los hombres y se burlaba de ellos.

No se necesita, pues, para profesar el arte de reinar, poseer todas las buenas prendas de que he hecho mención: basta aparentarlas; y aún me atreveré a decir que a las veces sería peligroso para un príncipe hacer uso de ellas, siéndole útil siempre hacer alarde de su posesión. Debe procurar que le tengan por piadoso, clemente, bueno, fiel en sus tratos y amante de la justicia; debe también hacerse digno de esta reputación con la práctica de las virtudes necesarias; pero al mismo tiempo ser bastante señor de sí mismo para obrar de un modo contrario cuando sea conveniente. Doy por supuesto que un príncipe, y en especial siendo nuevo, no puede practicar indistintamente todas las virtudes; porque muchas veces le obliga el interés de su conservación a violar las leyes de la humanidad, y las de la caridad y la religión; debiendo ser flexible para acomodarse a las circunstancias en que se pueda hallar. En una palabra, tan útil le es perseverar en el bien cuando no hay inconveniente, como saber desviarse de él si el interés lo exige. Debe sobre todo hacer un estudio esmerado de no articular palabra que no respire bondad, justicia, buena fe y piedad religiosa; poniendo en la ostentación de esta última prenda particular cuidado, porque generalmente los hombres juzgan por lo que ven, y más bien se dejan llevar de lo que les entra por los ojos que por los otros sentidos. Todos pueden ver, y muy pocos saben rectificar los errores que se cometen por la vista. Se alcanza al instante lo que un hombre parece ser; pero no lo que es realmente; y el número menor, que juzga con discernimiento, no se atreve a contradecir a la multitud ilusa, la cual tiene a su favor el esplendor y la majestad del gobierno que la protege.

Cuando se trata, pues, de juzgar el interior de los hombres, y principalmente el de los príncipes, como no se puede recurrir a los tribunales, es preciso atenerse a los resultados: así lo que importa es allanar todas las dificultades para mantener su autoridad; y los medios, sean los que fueren, parecerán siempre honrosos y no faltará quien los alabe[5]. Este mundo se compone de vulgo, el cual se lleva de la apariencia, y solo atiende al éxito: el corto número de los que tienen un ingenio perspicaz no declara lo que percibe, sino cuando no saben a qué atenerse todos los demás que no lo tienen.

En el día reina un príncipe, que no me conviene nombrar[6], de cuya boca no se oye más que la paz y la buena fe; pero si sus obras hubiesen correspondido a sus palabras, más de una vez hubiera perdido su reputación y sus estados.

---

[5] *Nihil gloriosum nisi tutum, et omnia retinendae dominationis honesta.* «No hay gloria en lo que se compromete la autoridad, ni deja de ser lícito lo que sirve para mantenerla», Salustio en *Historiae*.

[6] Habla de Fernando V, rey de Aragón y de Castilla, que conquistó los reinos de Nápoles y Navarra.

Capítulo XIX

DE CONTEMPTU ET ODIO FUGIENDO

[QUE EL PRÍNCIPE HA DE EVITAR QUE SE LO MENOSPRECIE Y ABORREZCA]

He tratado con separación de las cualidades principales que deben adornar a un príncipe; y ahora, para abreviar, comprenderé todas las demás bajo un título general, diciendo que este debe guardarse cuidadosamente de todo aquello que pudiere hacerle aborrecido o menospreciado. Aunque tenga cualquier otra tacha, no arriesgará por eso su autoridad ni dejará de haber cumplido con su deber.

Nada en mi opinión hace tan odioso a un príncipe como la violación del derecho de propiedad, y el poco miramiento que tuviere al honor de las mujeres de sus súbditos; los cuales, fuera de esto, estarán siempre contentos con él, y no le dejarán otro tropiezo que el de las pretensiones de un corto número de ambiciosos, que se cortan con facilidad.

Un príncipe es menospreciado cuando se acredita de inconstante, de ligero, pusilánime, irresoluto y afeminado[1]; de-

---

[1] Vitelio era tenido en poco, aunque lo temían, porque súbitamente pasaba de las ofensas a los halagos. Fue acusado de haberse ofrecido a abrir las arcas del Tesoro público.

fectos de que deberá guardarse como de otros tantos escollos, esforzándose siempre en manifestar grandeza de ánimo, gravedad, valor y energía en todas sus palabras y acciones. Sus juicios en los negocios de particulares deben ser definitivos e irrevocables, para que nadie pueda jactarse de que le hará mudar de parecer o engañarle. De este modo se granjeará la estimación y aprecio de los súbditos, y evitará los golpes que se intenten dar a su autoridad. También tendrá menos miedo del enemigo exterior, el cual no vendría de buena voluntad a acometer a un príncipe que se hallara respetado de sus vasallos. Los que gobiernan tienen siempre dos especies de enemigos: unos exteriores y otros interiores. Rechazará a los primeros con buenos amigos y buenas tropas; y en cuanto a los otros, ¿quién ignora que siempre hay amigos teniendo buenos soldados? Por otra parte, es sabido que la paz interior no se turba sino por medio de conspiraciones, las cuales no son peligrosas sino cuando están sostenidas y fomentadas por los extranjeros; y estos no se atreven a excitarlas cuando sabe el príncipe acomodarse a las reglas que llevo indicadas, y sigue el ejemplo de Nabis, tirano de Esparta.

Por lo que toca a los súbditos, hallándose el príncipe sin cuidado por fuera, solamente tiene que temer las conjuraciones secretas, que desconcertará, fácilmente y aun prevendrá, absteniéndose de todo lo que pueda hacerle odioso o despreciable, como ya llevo dicho. Además, pocas veces o nunca se conspira sino contra aquellos príncipes cuya ruina y muerte fueran agradables al pueblo; sin lo cual se expondría cualquiera a todos los peligros que llevan consigo semejantes proyectos.

La historia está llena de conjuraciones; pero ¿de cuántas se cuenta que hayan tenido un éxito feliz? Nunca conspira uno solo; y aquellos que se asocian en los peligros de la empresa son descontentos, que, llevados muchas veces de la esperanza de una buena recompensa por parte del mismo de quien están quejosos denuncian a los conjurados, y así hacen abortar sus designios. Los que por necesidad hay que agregar a la conjuración, se encuentran perplejos entre la tentación de una ganancia considerable y el miedo de un gran peligro; de manera que, para encontrar uno digno de que se le confíe el secreto, es preciso buscarle entre los amigos más íntimos de los conjurados, o entre los enemigos irreconciliables del príncipe.

Reduciendo la cuestión a términos más sencillos, digo que por parte de los conjurados no hay más que miedo, recelos y sospechas, al paso que el príncipe tiene en su favor la fuerza, el esplendor y majestad del gobierno, las leyes, el uso y sus amigos particulares, dejando aparte el afecto que el pueblo profesa naturalmente a los que le mandan; de suerte que los conjurados, antes y después de la ejecución de sus designios, tienen mucho que temer, pues que, estando el pueblo contra ellos, no les quedaría recurso alguno. Pudiera presentar en prueba de lo que digo cien hechos diferentes, recogidos por los historiadores; pero me contentaré con uno solo, del cual ha sido testigo la generación pasada.

Aníbal Bentivoglio, abuelo del de hoy día, y príncipe de Bolonia, fue muerto por los Cannechi[2] de resultas de una conspiración; de manera que no quedó de esta familia más que Juan Bentivoglio, que aún estaba en mantillas. Sublevóse el pueblo contra los conjurados, y degolló toda la familia de los matadores; y para manifestar todavía más su afecto a los Bentivoglio, no habiendo ninguno que pudiese ocupar el puesto de Aníbal, reclamaron del gobierno de Florencia un hijo natural del príncipe cuya muerte acababan de vengar, el cual vivía en

---

[2] Familia rival de los Bentivoglio, en el año de 1445.

aquella ciudad agregado a un artesano que pasaba por padre suyo, y le confiaron la dirección de los negocios hasta que Juan Bentivoglio tuvo edad para gobernar.

Poco, pues, tiene que temer el príncipe las conjuraciones si su pueblo le quiere; y tampoco le queda ningún recurso faltándole este apoyo. Por lo cual una de las máximas más importantes para todo príncipe prudente y entendido es contentar al pueblo, y contemplar a los grandes sin exasperarlos con demasías.

Francia ocupa un lugar distinguido entre los estados bien gobernados. La institución de los parlamentos, cuyo objeto es atender a la seguridad del gobierno y a la conservación de los fueros de los particulares, es sapientísima. Conociendo sus autores por una parte la ambición e insolencia de la nobleza, y por otra los excesos a que contra ella pudiera arrojarse el pueblo, trataron de encontrar un medio apropiado para contener a unos y a otros independientemente del rey; quien no podría por lo mismo tomar partido por el pueblo sin descontentar a los grandes, ni favorecer a estos sin granjearse el aborrecimiento del pueblo. Para este efecto instituyeron una autoridad especial que pudiese sin la intervención del rey enfrenar el orgullo de los nobles, y al mismo tiempo proteger a las clases inferiores del estado; medio ciertamente muy adecuado para dar firmeza al gobierno, manteniendo la tranquilidad pública. De aquí deben tomar lección los príncipes para reservarse la distribución de las gracias y los empleos, dejando a los magistrados el cuidado de decretar las penas y en general la disposición sobre negocios que pueden excitar descontento[3].

---

[3] Jenofonte decía: «Tratándose de aplicar penas, deje el príncipie a otros este cuidado; pero el de premios y recompensas, distribúyalos él solo».

Un príncipe, repito, debe manifestar su aprecio a los grandes; pero cuidando al mismo tiempo de no granjearse el aborrecimiento del pueblo. Acaso se me seguirá oponiendo la suerte de muchos emperadores romanos que perdieron el imperio y la vida, a pesar de haberse conducido con bastante sabiduría y de haber mostrado valor y habilidad. Por esto me parece conveniente examinar el carácter de algunos de ellos, como Marco Aurelio, el filósofo; Cómodo, su hijo; Pertinax, Juliano, Severo, Antonino Caracalla su hijo, Macrino, Heliogábalo, Alejandro y Maximino, para responder a esta objeción: examen que me conducirá naturalmente a exponer las causas de su caída, y a comprobar lo que ya llevo dicho en este capítulo sobre la conducta que deben observar los príncipes.

Es necesario tener presente que los emperadores romanos no solo tenían que reprimir la ambición de los grandes y la insolencia del pueblo, sino también pelear con la avaricia y la crueldad de los soldados. Muchos de estos príncipes perecieron por haber tocado en este último escollo, tanto más difícil de evitar cuanto es imposible satisfacer a un mismo tiempo la codicia de las tropas y no descontentar al pueblo, el cual suspira por la paz, al paso que aquellas desean la guerra; de suerte que los unos quisieran un príncipe pacífico y los otros un príncipe belicoso, atrevido y cruel, no en verdad con respecto a la milicia, sino con relación al pueblo en general, para lograr paga doble y poder saciar su ansia y su ferocidad. De este modo, los emperadores romanos a quienes no dio la naturaleza un carácter tan odioso o no supieron apropiársela, perecieron casi todos miserablemente por la impotencia en que se veían de tener a raya al pueblo y a las legiones. Así es que la mayor parte de ellos, y especialmente aquellos cuya fortuna era nueva, desesperados de poder conciliar intereses tan opuestos, tomaban el partido de inclinarse a las tropas, haciendo poco caso de que el pueblo estuviera descontento; partido más seguro en realidad, porque, en la alternativa de excitar el odio del número mayor o menor, conviene decidirse a favor del mar fuerte. He aquí por qué aquellos césares que, habiéndose alzado a la suprema dignidad por sí mismos, necesitaban para mantenerse en ella de mucho favor y extraordinario esfuerzo, se unieron antes a las tropas que al pueblo; y cuando cayeron, fue por no haber sabido conservar el afecto de los soldados. Marco Aurelio el filósofo, Pertinax y Alejandro, príncipes recomendables por su clemencia, por su amor a la justicia y por la sencillez de sus costumbres, perecieron todos menos el primero, que vivió y murió honrado, porque habiendo adquirido el imperio por herencia, no se lo debía a las tropas ni al pueblo, y junto esto con las demás excelentes prendas suyas, pudo hacerse querer y hallar con facilidad los medios de contener a todos en los límites de sus obligaciones. Pero Pertinax, aunque fue nombrado emperador contra su deseo, habiendo intentado sujetar las legiones a una disciplina severa, y muy diferente de la que observaban en tiempo de Cómodo, su antecesor, pereció pocos meses después de su elevación, víctima del aborrecimiento de los soldados, y acaso también del desprecio que inspiraba su mucha edad. Es cosa notable que se incurre en el odio de los hombres tanto por proceder bien como por proceder mal; y, así, el príncipe que quiere sostenerse se ve obligado muchas veces a ser malo, según ya he dicho, porque cuando el partido que necesita halagar y tener a su favor está viciado, ya sea el pueblo, ya los grandes o la milicia, es indispensable contentarlo a cualquier costa, y renunciar desde luego a obrar bien.

Pero volvamos a Alejandro (Severo), de cuya clemencia han hecho muchos elogios los historiadores, y no obstante fue menospreciado por su molicie, y porque se dejó gobernar de su madre. El ejército conspiró contra el príncipe, tan bueno y tan clemente, que en el decurso de catorce años de reinado a nadie condenó a muerte sin juzgarle; y con todo eso pereció a manos de sus soldados. Por otra parte, Cómodo, Septimio Severo, Caracalla y Maximino, habiéndose entregado a todo linaje de excesos por contentar la avaricia y crueldad de las tropas, no tuvieron mejor suerte, si de ellos exceptuamos a Severo, que reinó pacíficamente. Pero este príncipe, aunque oprimió al pueblo por captarse la benevolencia de la milicia, poseía otras muchas excelentes prendas que le granjeaban el afecto y la admiración de unos y otros. Mas como de simple particular ascendió al imperio, y por esta razón puede servir de modelo a los que se encuentren en iguales circunstancias, me parece conveniente decir en pocas palabras cómo supo tomar alternativamente la figura de león y la de la zorra, animales de cuyas propiedades ya he hablado.

Conociendo Severo la cobardía del emperador Juliano, persuadió al ejército que mandaba en Iliria de que era preciso ir a Roma para vengar la muerte de Pertinax, degollado por la guardia pretoriana. Bajo este pretexto, y sin que nadie sospechase que aspiraba al imperio, llegó a Italia antes que allí se tuviera noticia de su partida. De este modo entró en Roma y metió miedo al senado, que le nombró emperador, e hizo morir a Juliano; pero todavía le quedaban dos grandes obstáculos que superar para hacerse señor de todo el imperio. Pescenio Niger y Albino, que mandaban, uno en Asia y el otro en occidente, eran ambos competidores suyos, y el primero acababa también de ser proclamado emperador por sus legiones. Viendo Severo que sin mucho riesgo le era imposible atacar a un tiempo a los dos, tomó el partido de declararse contra Niger, y engañar a Albino ofreciéndole que dividiría con él la autoridad; proposición que este aceptó inmediatamente. Mas apenas aquel hubo vencido y quitado la vida a Niger, pacificado oriente y vuelto a Roma, se quejó amargamente de la ingratitud de Albino; y acusándole de que había intentado darle muerte, pretextó «que se hallaba obligado a pasar los Alpes —decía él— para castigarle por lo mal que había correspondido a sus beneficios». Llegó Severo a las Galias, y Albino, vencido, perdió a un tiempo la vida y el imperio. Si se examina con atención la conducta de este emperador, se verá que es muy difícil reunir en tan alto grado las fuerzas del león y la astucia de la zorra. Supo al mismo tiempo hacerse temer y respetar del pueblo y de las tropas; por lo cual nadie extraña ver a un príncipe nuevo mantenerse en la posesión de tan vastos dominios, considerando que el afecto y la admiración que se granjeaba, desarmaron el odio que debían haber excitado sus rapiñas[4].

Antonino Caracalla, su hijo[5], poseía también muchas cualidades excelentes que le hacían querer de las legiones y ser respetado del pueblo: era buen soldado, enemigo constante de la molicie y del regalo, y por esto ídolo del ejército; pero llegó a tal punto su ferocidad que, al cabo, el pueblo, la milicia y hasta su propia familia concibieron contra él un odio irreconciliable. Pereció luego a manos de un centurión; venganza corta para reparo de tanta sangre como había hecho derramar en Roma y en Alejandría, donde a ninguno de sus habitantes dejaron de alcanzar los efectos de su crueldad.

---

[4] Según lo que nos cuenta Dión del carácter de Septimio Severo, tuvo más inclinación a las ciencias que buena disposición; pero fue firme e incontrastable en sus designios, lo preveía todo y en todo pensaba. Amigo constante y generoso, así como enemigo violento y terrible, era por otra parte, doble, disimulado, embustero, pérfido, perjuro, codicioso y todo lo que obraba era con relación a su interés personal.

[5] Caracalla se mandaba llamar Antonino el Grande y Alejandro.

Obsérvese aquí que los príncipes están expuestos a semejantes atentados, hallándose su vida pendiente de la resolución de cualquiera que no tema morir; mas como estos por fortuna no han sido frecuentes, dan poco cuidado. Sin embargo, guárdese el príncipe de ofender gravemente a los que andan cerca de su persona; pues esta falta que cometió Antonino, manteniendo entre sus guardias un centurión a quien amenazaba con frecuencia después de haber dado ignominiosa muerte a un hermano suyo, le costó la vida.

A Cómodo bastábale para mantenerse en la posesión del imperio seguir las huellas de su padre, que se lo había dejado; pero como era brutal, cruel y codicioso, muy pronto se trocó la disciplina que antes reinaba en el ejército en la licencia más desenfrenada: además, se granjeó el menosprecio de las tropas por el poco caso que hacía de su dignidad; llegando al extremo de no avergonzarse de lidiar brazo a brazo con los gladiadores en el anfiteatro. Así no tardó en ser víctima de una conspiración, movida por el odio y el desprecio que había provocado por sus bajezas, con su avaricia y ferocidad. Fáltame hablar de Maximino.

Habiéndose deshecho las legiones de Alejandro por su excesiva afeminación, pusieron en su lugar a Maximino, varón muy belicoso, pero que no tardó tampoco en hacerse aborrecible, y perder el imperio y la vida. Se hizo odioso y despreciable por dos motivos: el primero, la bajeza de su nacimiento, porque sabe todo el mundo que fue porquero en Tracia; y el segundo, la poca diligencia que puso en pasar a Roma para tomar posesión del imperio, granjeándose entre tanto la opinión de hombre muy cruel por los castigos que dieron sus prefectos en la capital y en las provincias por orden suya; de modo que muy pronto llegó a hacerse por un lado tan vil y despreciable, y por otro tan universalmente aborrecido que, primeramente

África, después el senado con el pueblo de Roma, y luego toda Italia, se levantaron contra él, ayudando a unos y otros su propio ejército, que, al fin, cansado de sus crueldades y de la larga duración del sitio de Aquileya, le quitó la vida, sin temor de que hubiera quien le vengara.

No hablaré de Heliogábalo, de Macrino, ni de Juliano, que murieron, más o menos pronto, cubiertos de oprobio; pero diré, por conclusión, que los príncipes de nuestro tiempo no necesitan usar de tanto miramiento con sus tropas, porque no forman como en Roma un cuerpo independiente, ni disfrutan de un poder absoluto en el estado. Las legiones romanas, permaneciendo largo tiempo en las provincias, identificaban su interés con el del inmediato jefe que las mandaba, y a veces contra el del jefe del gobierno, haciéndose árbitros de su suerte[6]; así era indispensable tenerlas contentas y contemplarlas. Ahora basta tratarlas con aprecio y de un modo regular, procurando antes ganarse el afecto del pueblo, que en nuestros estados modernos, exceptuando únicamente los de Turquía y Egipto, es más fuerte y poderoso que los soldados. Exceptúo el turco porque necesita tener en pie un ejército de doce mil hombres de infantería y quince mil de caballería, del cual dependen la seguridad y la fuerza de su imperio; y como este soberano no hace el menor aprecio del pueblo, necesita absolutamente que aquella guardia se mantenga adicta a su persona. Lo mismo sucede con el soldán de Egipto, cuyas tropas tienen, por decirlo así, el poder en la mano, y por consiguiente deben ser tratados con mucho miramiento, y contempladas más que

---

[6] Las legiones de Alemania, admitidas en los ejércitos romanos, se gloriaban de que podían disponer del imperio.

el pueblo, de quien nada hay que temer. Este último gobierno no tiene semejante, si no lo es el pontificado cristiano, porque no puede llamarse *principado hereditario ni principado nuevo,* puesto que, muerto el soldán, no recae el reino en sus hijos, sino en aquel que es elegido por las personas autorizadas para hacer la elección; y al mismo tiempo es muy antigua esta institución para poderse mirar como nuevo semejante gobierno. Así es que en Egipto el príncipe electo experimenta tan poco trabajo en hacerse reconocer de sus súbditos, como en Roma el nuevo papa de los suyos.

Volviendo ahora a mi asunto, digo que quien reflexione en lo que llevo expuesto, verá que el aborrecimiento o el menosprecio fueron causa de la ruina de los emperadores que he citado, y sabrá también la razón porque, habiendo unos obrado de un modo y otros del contrario, solo uno consiguió acabar bien, cuando todos los demás, por la una o por la otra vía, tuvieron un fin desdichado. Se notará al mismo tiempo que a Pertinax y a Alejandro les fue inútil y muy perjudicial el haber imitado a Marco, respecto a que los dos primeros eran príncipes nuevos, y este último adquirió el imperio por derecho de sucesión. El designio que de imitar a Severo formaron Caracalla, Cómodo y Maximino les fue funesto también, porque no tenían la fuerza de ánimo correspondiente para seguir en todo sus pasos.

Infiérese, pues, que un príncipe nuevo en un principado nuevo se arriesga imitando la conducta de Marco, y no es indispensable que siga la de Severo, sino que debe tomar de este las reglas que necesite para fundar bien su estado, y de Marco lo que hubiere de conveniente y glorioso para mantenerse en la posesión de otro ya fundado y establecido.

Capítulo XX

AN ARCES ET MULTA ALIA QUAE COTIDIE PRINCIPIBUS FIUNT UTILIA AN INUTILIA SINT

[SI LAS FORTALEZAS Y OTROS MEDIOS QUE PARECEN ÚTILES A LOS PRÍNCIPES LO SON EN REALIDAD]

Príncipes hay que, para mantenerse en sus estados, desarman a sus vasallos; otros fomentan la discordia en las provincias sujetas a su dominio; los ha habido que de intento se procuraron enemigos; algunos trabajan para ganar la voluntad de aquellos que en el principio de su reinado les parecieron sospechosos; este manda construir fortalezas y aquel demolerlas. No es fácil determinar lo que hay de bueno y de malo en todo esto, sin entrar antes en el examen de los diferentes estados y circunstancias a que hayan de aplicarse las reglas que se dieren; y así me ceñiré a hablar de un modo general y según lo requiere la materia.

Nunca es conveniente que el príncipe nuevo desarme a sus súbditos: por el contrario, debe luego armarlos si los encontró desarmados. Todas las armas que entonces distribuya se emplearán en favor suyo; las personas que antes le serían sospechosas, se agregarán a su partido, y las fieles y leales lo serán más.

Imposible es, sin duda, armar a todos los hombres; pero el príncipe que sabe ganar a aquellos a quienes da armas, nada tiene que temer de los que por necesidad quedan inermes; porque le cobran afecto los primeros por esta preferencia, y le excusan fácilmente los demás, suponiendo más mérito en aquellos que se exponen a mayor peligro. Bien al contrario, un príncipe que desarma a sus súbditos, los ofende inclinándoles a creer que desconfía de ellos; y no hay cosa más eficaz para excitar el aborrecimiento del pueblo. Además, esta determinación pondría al príncipe en la necesidad de recurrir a la milicia mercenaria, cuyos peligros he manifestado ya con bastante extensión; y aun cuando no tuviera tantos inconvenientes este recurso, sería siempre insuficiente contra un enemigo grande y con vasallos sospechosos.

Así vemos todos los días a los hombres que por sí mismos se elevan a la soberanía armar a sus nuevos súbditos; mas si se tratara de reunir un estado nuevo a otro antiguo o hereditario, entonces convendría al príncipe desarmar a sus vasallos nuevos, exceptuando siempre a aquellos que antes de la conquista se hubiesen declarado en favor suyo; aunque procure siempre debilitarlo para que en el estado antiguo se concentre toda la fuerza militar.

Nuestros antepasados, especialmente aquellos que merecieron la reputación de sabios, decían que era necesario contener a Pistoya por medio de las discordias domésticas, y a Pisa por las fortalezas. Así, pues, rara vez se descuidaban en fomentar divisiones en las ciudades cuyos habitantes eran sospechosos; excelente política atendiendo al estado de fluctuación en que se hallaban las cosas de Italia en aquella época, pero inadaptable a la del día, porque una ciudad dividida no pudiera defenderse de un enemigo poderoso y diestro; el cual no dejaría de ganar a una de las dos facciones, y por este medio se haría dueño de la plaza.

Por un efecto de esta misma política los venecianos favorecían alternativamente a los güelfos y a los gibelinos en las ciudades sujetas a su dominio, y no dejándoles que llegasen a las manos, no cesaban de soplar el fuego de la discordia entre ellos, a fin de distraerlos de la idea de sublevarse. Verdad es que esta república no sacó el fruto que esperaba de semejante conducta, porque derrotados sus ejércitos en Vaila, una de estas facciones se propuso dominarla, y lo consiguió.

Síguese, pues, que tal política es el recurso de la debilidad, y por lo mismo un príncipe poderoso no sufrirá jamás semejantes divisiones que cuando no sean enteramente perjudiciales en tiempo de paz, porque ofrecen un medio eficaz de distraer a los súbditos de toda idea de rebelión, son en tiempo de guerra las que ponen más en descubierto la impotencia del estado que se vale de ellas. Venciendo obstáculos se engrandecen los príncipes; y por eso suele la fortuna ensalzar a algunos en el principio de su carrera, suscitándoles enemigos y ofreciéndoles dificultades que enciendan su genio, ejerciten su valor y les sirvan como de otros tantos escalones para llegar a un alto grado de poder. Por esta razón piensan muchos que alguna vez le conviene a un príncipe buscar enemigos para que le obliguen a salir de una peligrosa inercia, y le proporcionen ocasiones de hacerse admirar y querer de sus súbditos, tanto leales como rebeldes.

Los príncipes, y especialmente los nuevos, han sido servidos a las veces con más celo y fidelidad de aquellos súbditos en quienes no tenían al principio una entera confianza que de otros que en su opinión eran absolutamente fieles. Pandolfo Petrucci, príncipe de Sena, con mejor voluntad se valía de los primeros que de los últimos; pero es difícil fijar reglas generales en un punto que varía según las circunstancias; solamente advertiré que si los hombres a quienes el príncipe miraba como enemigos en los primeros años de su reinado tienen necesidad de su apoyo y protección, podrá ganárselos fácilmente; y aunque nuevos partidarios suyos, le serán tanto más fieles cuanto mayor esmero necesiten poner en borrar por medio de sus servicios la opinión poco favorable que su anterior conducta había producido. Al contrario, aquellos que nunca han estado opuestos a los intereses del príncipe, cuando llega el caso de necesitarlos suelen servirle con la flojedad y descuido que engendra la misma seguridad[1].

Esta materia me presenta oportuna ocasión de hacer a los príncipes nuevos una advertencia importante, y es que, si han ascendido a la dignidad suprema por favor del pueblo, indaguen atentamente la causa y los motivos de tanta benevolencia; porque si proviene menos del verdadero interés que les inspira su persona que de odio al gobierno antiguo, podrá luego costarles trabajo mantenerse en la gracia de sus súbditos por la misma dificultad de contentarlos.

Habrá hombres que, aunque aborrecieran el gobierno antiguo, vivirían con él sin violencia; otros, de carácter inquieto y duro, que no podrían aguantar los abusos de la administración pasada; y de estos últimos, aun cuando hayan contribuido a la elevación del príncipe nuevo, es más difícil ganarse la amistad que de los primeros. Basta tener una leve tintura de la historia antigua y moderna para convencerse de esta verdad.

Los príncipes construyen las fortalezas para mantenerse con más facilidad en sus estados, frecuentemente amenazados por los enemigos exteriores, y para contener el primer ímpetu

---

[1] Celso fue fidelísimo a Otón, aunque había sido antes un amigo incorruptible de Galba.

de una revolución. Este método es muy antiguo y me parece bueno[2]; no obstante, hemos visto en nuestros tiempos que Nicolás Vitelli mandó demoler dos fortalezas en la ciudad de Castello para seguridad de su estado. Guido de Ubaldo, duque de Urbino, habiendo recobrado su estado ducal, del que le había desposeído César Borja, mandó arrasar todas las fortalezas, pensando que sin ellas podría mantenerse en su posesión con más facilidad[3]. Los Bentivoglios hicieron otro tanto en Bolonia, luego que recobraron el dominio de este estado[4].

---

[2] A la muerte de Felipe María Visconti, último duque de su dinastía en Milán, cuando los ciudadanos formaron una república, nombrando comandante general de sus tropas a Francisco Sforza, este los persuadió a que demolieran la ciudadela que habían construido los Visconti. Pensaba que amenazaba a su libertad aquel baluarte, y los milaneses lo echaron por tierra; mas no tardaron mucho en arrepentirse, porque no pudieron luego defenderse bien y tuvieron que abrir las puertas de la ciudad al mismo Francisco Sforza cuando les combatió con sus propias armas; y al momento que fue proclamado duque de Milán volvió a reedificar la ciudadela. Llevaban a mal los milaneses este designio, y para calmarlos discurrió Sforza el ardid de someter el proyecto al examen de los ciudadanos mismos, distribuidos en diferentes asambleas por cuarteles, poniendo en cada una de ellas oradores de su confianza, los cuales desempeñaron tan bien su papel, que la reedificación de la ciudadela parecía ser pedida al duque por el mismo pueblo. Entonces la volvió a levantar más fuerte y mayor que la que había tenido antes, y para tapar la boca a los murmuradores mandó construir al mismo tiempo en la ciudad un hospital magnífico.

[3] Dice Maquiavelo en sus *Discursos* que el duque de Urbino demolió sus fortalezas, porque siendo muy amado de sus súbditos temía hacerse aborrecible mostrando desconfianza de su fidelidad, y que, por otra parte, no podía defender aquellas plazas contra los enemigos sin poner en campaña un buen ejército.

[4] Los Bentivoglio, según Maquiavelo, se hicieron advertidos a costa del papa Julio II, el cual habiendo construido una ciudadela en Bolonia y puesto en ella un gobernador que asesinaba a los boloñeses, perdió la ciudad y la

Infiérese, pues, que las fortalezas son útiles o inútiles según las circunstancias; y si por un lado aprovechan, son perjudiciales por otro. El príncipe que teme más a sus súbditos que a los extranjeros, debe fortificar sus ciudades, y abstenerse de hacerlo en el caso contrario. El castillo que Francisco Sforza mandó construir en Milán, ha causado y causará más daños a esta casa que todos cuantos desórdenes han afligido a aquel ducado[5].

No hay fortaleza mejor que el afecto del pueblo; porque un príncipe aborrecido de sus súbditos debe contar con que el enemigo extranjero volará a ayudarlos luego que los vea en armas. No se sabe que las fortalezas hayan aprovechado a los príncipes de nuestro tiempo, si exceptuamos a la condesa de Forlí, viuda del conde Jerónimo, la cual, por este medio, tuvo disposición de recibir los socorros que la enviaba el estado de

---

fortaleza, luego que estos se amotinaron contra el gobernador. (*Discursos sobre la primera década*).

[5] La ciudadela que Francisco Sforza construyó en Milán sirvió únicamente para hacer más osados, más violentos y aborrecibles a los príncipes de su familia, dice Maquiavelo en sus *Discursos*, y añade que en la adversidad de nada sirvió este castillo a los Sforza ni a los franceses que sucesivamente lo poseyeron; muy al contrario, los perjudicó mucho porque, exaltado su orgullo con aquella posesión, ni unos ni otros trataron al pueblo con la benignidad y consideración que se merece. «Si levantas fortalezas —continúa Maquiavelo— te podrán servir en tiempo de paz para que, exento de temor, maltrates a tus súbditos; mas en tiempos de guerra, de nada te valdrán si te vieres acometido por enemigos exteriores y por tus propios súbditos, pues no podrán entonces defenderte de unos ni de otros. Si te propones recobrar un estado perdido, no lo conseguirás por medio de tus fortalezas si te falla un buen ejército con que puedas arrollar al que te despojó; y si lo tienes, podrás muy bien recobrar tu estado, aun cuando no tengas fortalezas».

Milán y de recuperar el suyo; bien que la favorecieron mucho las circunstancias, no pudiendo sus vasallos ser socorridos de los extranjeros. Pero cuando más adelante fue acometida esta condesa por César Borja, y el pueblo a quien en ella había tenido por enemigo se juntó con el extranjero, de muy poco la sirvieron sus fortalezas; verificándose siempre que le hubiera valido más que tenerlas el no ser aborrecida de sus súbditos.

De todo lo que va dicho se infiere que igualmente pueden ser dignos de elogio el que construye y el que no construye fortalezas; pero siempre son reprensibles los que, fiándose en ellas, hicieren poco caso de que el pueblo los aborrezca.

Capítulo XXI

QUID PRINCIPEM DECEAT UT EGREGIUS HABEATUR

[POR QUÉ MEDIOS CONSIGUE UN PRÍNCIPE HACERSE ESTIMAR]

Nada influye tanto en que un príncipe sea estimado como las grandes empresas, y en general las acciones extraordinarias. A Fernando V, hoy día reinante en España, se le puede mirar como un príncipe nuevo, puesto que de simple rey de un estado pequeño ha llegado a ser por su grande reputación y gloria el primer rey de la cristiandad. Si se consideran sus acciones, se hallará en todas ellas un carácter de elevación tan extraordinario, que algunas parecen ya desmesuradas.

Apenas subió este príncipe al trono cuando dirigió sus armas contra el reino de Granada, guerra que fue el fundamento de su grandeza, pues distraídos los magnates de Castilla con las batallas, estuvieron muy lejos de fijar su atención en las novedades políticas, y de advertir la autoridad que el rey iba acrecentando cada día a costa de ellos, manteniendo con los caudales del pueblo y de la Iglesia los ejércitos que le elevaban al alto grado de poder en que le vemos. Para formar luego empresas todavía más brillantes, se cubrió mañosamente con la capa de religión, y por un afecto de piedad bárbara y cruel, lanzó a los moros de sus estados; rasgo de política verdaderamente deplorable y sin ejemplo.

Vistióse también Fernando del mismo disfraz para invadir sucesivamente África, Italia y Francia, alimentando siempre los proyectos más vastos, y al mismo tiempo más idóneos para concentrar la atención de sus súbditos en los sucesos de su reino. Así es como este príncipe ha sabido disipar las tormentas que se formaban contra él, y le hemos visto luego conseguir sus fines sin encontrar obstáculos de parte de sus súbditos.

También es útil a veces decretar castigos ejemplares y conceder recompensas extraordinarias, porque esto causa mucho ruido y produce siempre grande impresión en los ánimos: Bernabé Visconti, señor de Milán, puede servir de ejemplo en esta parte. En fin, los que gobiernan deben generalmente esforzarse para parecer grandes en todas sus acciones[1], y evitar todo lo que dé indicios de debilidad o de incertidumbre en sus designios. El príncipe que no sepa ser amigo o enemigo decidido, se granjeará con mucha dificultad la estimación de sus súbditos. Si están en guerra dos potencias vecinas, debe declararse por una de ellas, so pena de hacerse presa del vencedor, sin ningún recurso, y alegrándose el mismo vencido de su ruina; porque el vencedor no podrá mirar con buenos ojos a un amigo incierto, que le abandonaría al primer revés de la fortuna, y el vencido nunca le perdonará que se haya mantenido tranquilo espectador de sus derrotas.

Habiendo entrado Antíoco en Grecia, llamado por los etolios para echar de allí a los romanos, envió a los aqueos, amigos de estos últimos, un embajador con el fin de persuadirlos de

---

[1] La principal atención del príncipe debe emplearse en aumentar su reputación (Tácito). Ha de ser como Muciano, que sabía dar realce a cuanto hablaba y a cuanto hacía.

que se mantuvieran neutrales, al mismo tiempo que los romanos les metían prisa para que tomaran las armas a favor de ellos. Juntos en consejo los aqueos para deliberar sobre este punto, tomó la palabra el enviado de los romanos después del de Antíoco, y les dijo: «Os engañan aconsejándoos que no toméis parte en la guerra que sostenemos como el partido más prudente que podéis escoger para la conservación y la utilidad de vuestros estados: muy al contrario, yo pienso que no pudierais adoptar otra peor, porque manteniendoos neutrales, quedaréis infaliblemente a la discreción del vencedor, cualquiera que este sea, tomaréis sobre vosotros dos riesgos por uno»[2].

Considera que no es tu amigo quien te pide la neutralidad, y que lo es o puede serlo aquel que te induce a tomar las armas para ayudarle. Los príncipes irresolutos, que solo atienden a salir del apuro, adoptan el partido de la neutralidad, que las más veces les conduce a su ruina. Cuando un príncipe se declara paladinamente por una de las potencias beligerantes, si triunfa aquella con quien se junta, aunque él quede después a su discreción y ella sea muy poderosa, no tendrá que temerla, porque le quedará reconocida y habrá formado con la misma estrechos vínculos de amistad. No son los hombres tan imprudentes que den a menudo ejemplos de una ingratitud igual a la que resultaría de oprimirte en semejantes circunstancias; además de que nunca son tan prósperas y cumplidas las victorias que permitan al vencedor faltar impunemente tanto a la consideración de sus aliados y al

---

[2] «En este caso —dice Tito Livio—, perdida la honra y sin ninguna consideración, quedaréis para premio del vencedor. Solamente es buena la neutralidad para un príncipe más poderoso que otros que están en guerra, porque de este modo se hace árbitro de ellos cuando quiere: siempre es perjudicial para los príncipes pequeños. Es indispensable ser el más fuerte o estar con el más fuerte».

miramiento que siempre se debe a la justicia. Si, por el contrario, fuere vencido aquel por quien te declarares, no podrá olvidar el beneficio que le hicieres; y si llega algún día a mejorar de fortuna, podrás contar recíprocamente con su auxilio, habiéndose hecho, en cierto modo, compañero de tu fortuna.

En el otro caso, es decir, si las potencias que están en guerra no pueden inspirarte temor, sea quien quiera el que venza, la prudencia te aconsejará igualmente que te declares a favor de una de ellas; pues de este modo concurrirás a la ruina de la otra, sirviéndote de auxiliar la primera, que, si fuera discreta, debería salvarla. Como será imposible que aquella no triunfe con tu auxilio, su victoria lo dejará también sometida a tu discreción.

Obsérvese aquí que, habiendo un príncipe de acometer a otros, debe huir de toda alianza con quien sea más poderoso que él, no obligándole a hacerla la necesidad, como llevo dicho más arriba; porque si este vence, quedará en cierto modo sometido a su poder: situación violenta que debe evitar todo el que aprecia coma debe su independencia. Así es como se perdieron los venecianos, por haberse aliado sin necesidad a Francia contra el duque de Milán. Los florentinos no fueron tan reprensibles en haber abrazado el partido del Papa y del rey de España, luego que marcharon las tropas de estos contra Lombardía, porque obedecían a la dura ley de la necesidad, según ya he probado antes. Por último, no hay un partido perfectamente seguro, y muchas veces solo se evita un peligro para caer en otro mayor. La prudencia humana sirve únicamente para escoger el menos perjudicial de los males conocidos[3].

---

[3] El famoso fray Pablo Sarpi decía: «En todas las cosas de este mundo he observado que nada lleva más aprisa al peligro que el excesivo cuidado de

Los príncipes deben honrar mucho el talento, y proteger las artes, especialmente el comercio y la agricultura. Importa sobre todo inspirar seguridad a los labradores contra la opinión que suelen tener de que serán recargados con tributos y despojados de sus tierras después que las hayan mejorado por medio de un buen cultivo. Últimamente el príncipe no se descuidará en ciertos tiempos del año en dar al pueblo fiestas y espectáculos[4], ni faltará a honrar con su presencia las juntas de los diferentes gremios de oficios, desplegando en todas estas ocasiones la magnificencia propia del trono, y dando muestras de bondad, sin comprometer la dignidad del rango a que se ha elevado.

---

apartarse de él, y que la demasiada prudencia degenera en imprudencia ordinariamente».

[4] «Más bien contenían los romanos a los pueblos sometidos procurándoles placeres que destrozándolos con las armas. Agrícola domó la ferocidad de los ingleses por medio del lujo, de modo que llamaban moderación y dulzura al arte que empleaba para esclavizarlos. De este mismo modo obraba Augusto. El pueblo que gusta de placeres celebra que concurra a ellos el príncipe, para tenerlo por compañero en cierto modo. Cuando llegaba el tiempo de la elección de los cónsules, se metía Vitelio como un particular entre los pretendientes y procuraba ganarse los votos y el afecto del pueblo presidiendo las funciones del teatro y del circo» (Tácito).

Capítulo XXII

DE HIS QUOS A SECRETIS PRINCIPES HABENT

[LOS MINISTROS SECRETARIOS DEL PRÍNCIPE]

La elección de ministros es una de las cosas más importantes y que da mejor a conocer la sabiduría de los que gobiernan, porque no es de príncipes ordinarios emplear bien su confianza. En esto se echa de ver al momento su talento, pues el que tuviere para otros negocios no se descubre sino al paso que se ofrece la ocasión, y esta no se presenta con frecuencia. La reputación de un príncipe pende muchas veces del mérito de las personas que le rodean[1]. Todos los que conocían al señor Antonio de Venafro no podían menos de hacer justicia al tino y a la sabiduría de Pandolfo Petrucci, príncipe de Sena, por la elección que hizo de un hombre tan hábil para administrar sus estados.

---

[1] Según dice Tácito, todos pensaron favorablemente del reinado de Nerón al ver que nombraba a Corbulón general de sus ejércitos, indicando esta elección que estaba abierta al mérito la puerta del valimiento y que el príncipe se había dirigido por buenos consejeros.

Hay tres especies de talentos: unos que saben descubrir cuanto les importa saber; otros que disciernen con facilidad el bien que se les propone, y, en fin, los hay que no entienden por sí ni por medio de otro. Los primeros son sobresalientes, los segundos buenos y los terceros absolutamente inútiles. Pandolfo pertenecía, cuando menos, a la segunda clase, porque el príncipe que sabe distinguir lo que es útil de lo que es perjudicial, puede, sin ser hombre de grande ingenio, formar juicio de la conducta de sus ministros, y aprobarla o tacharla con discernimiento, de manera que estando estos persuadidos de que no pueden engañarle, le servirán con celo y fidelidad.

Pero ¿qué medios hay de conocer los ministros? He aquí uno infalible, que consiste en observar si se ocupan más en sus intereses propios que en los del estado: un ministro debe dedicarse enteramente a los negocios públicos, y no entretener jamás al príncipe con sus asuntos particulares: a este le toca cuidar de los intereses del ministro que, por decirlo así, se olvida de sí mismo, y colmarle de honras y bienes[2]. De este modo le quitará el pensamiento de buscar más riquezas y otras dignidades. Sobre todo, debe reducirle a términos de temer y alejar cualquier mudanza perjudicial o funesta al soberano, su amo; único arbitrio para establecer entre el príncipe y los ministros una confianza útil, y al mismo tiempo noble y honrosa.

[2] «No tengas cuidado de los intereses de tu familia, que yo lo hago por ti —decía Tiberio a Seyano—; ahora no te digo más; pero a su tiempo me mostraré agradecido a los servicios recibidos». Felipe II de España, decía a su primer ministro Rui-Gómez: «Haz tú mi negocio, que yo haré el tuyo».

Capítulo XXIII

QUOMODO ADULATORES SINT FUGIENDI

[CÓMO SE DEBE HUIR DE LOS ADULADORES]

No puedo menos de hablar de la adulación que reina en todas las cortes; vicio sobre el cual los príncipes deben estar siempre alerta, y del que no se verán libres, a menos que utilicen la prudencia y mucha habilidad. Tienen los hombres tanto amor propio y tan buena opinión de sí mismos, que es muy difícil preservarse de tal contagio; además de que, queriéndolo evitar, pudieran también disminuir su justo aprecio. El mejor arbitrio que pueden tomar los príncipes para librarse de los aduladores es manifestar que no les ofende la verdad; pero si cualquiera tuviera la libertad de decirles lo que quisiera, ¿en qué vendría a quedar entonces el respeto debido a la majestad del soberano?[1]. El príncipe prudente guarda un justo medio, escogiendo hombres sabios por consejeros, y permitiéndoles a ellos solos que le digan francamente la verdad sobre las cosas que les pregunte y nada más. Y debe ciertamente preguntarles y oír su parecer en cuanto le incumbe; mas luego determinarse

---

[1] «Tiberio aborrecía la lisonja, y por eso muchas veces no acertaban los romanos a hablar delante de él». (Tácito).

a aquello que le dicte su propia opinión, conduciéndose de manera que todas las gentes estén convencidas de que con cuanta mayor libertad se le habla, tanto más se le agrada[2]. Tocante a los otros, no debe oírlos el príncipe, sino seguir derechamente el camino que se ha propuesto sin apartarse de él.

Un príncipe que se porta de diferente modo, o se pierde por escuchar a los lisonjeros, o tiene una conducta incierta y variable, que le quita todo su crédito. Voy a citar en apoyo de esta doctrina un pasaje de la historia de nuestro tiempo. Dice el clérigo Luc del emperador Maximiliano, su señor, hoy día reinante, «que de nadie se aconseja, y sin embargo, jamás obra siguiendo su propio dictamen»[3]. Esto es seguir un camino diametralmente opuesto al que acabo de señalar.

«Como S.M I. es un señor muy misterioso, que no da parte a nadie de sus proyectos hasta el momento mismo de llevarlos a ejecución, apretado entonces por el tiempo, por los reparos que le ponen sus ministros y por la dificultades imprevistas que encuentra, tiene que ceder a la opinión de los demás y trastornar todo lo que había concebido». Y ahora pregunto yo: ¿qué cuenta hay que tener con un príncipe que deshace hoy lo que hizo ayer?

Siempre está bien al jefe de un estado tener consejeros y consultarlos; pero haciéndolo cuando a él le acomode, y no

---

[2] Teniendo un cortesano que pedir un empleo a Juan II, rey de Portugal, principió a adularle, y este monarca le respondió: «Amigo, está reservado para un hombre que nunca me haya adulado».

[3] Este emperador tenía buenas ocurrencias. Quiso ser colega del papa, e igual suyo aun en materias de religión, y por eso se hacía llamar Pontifex máximos. Decía también que si hubiese nacido Dios y tuviera dos hijos, el primogénito sería Dios y el segundo rey de Francia.

cuando quieran sus súbditos. Ha de procurar, por el contrario, que nadie se meta a darle consejos sin que él los pida, aunque convenga que sea a veces gran preguntón, que oiga atentamente lo que le digan, y manifieste descontento si advierte que los que están a su lado titubean en decirle todo lo necesario.

Es un error grosero creer que será menos estimado un príncipe aconsejándose de otros, y que entonces se le tendrá por incapaz de conocer las cosas por sí mismo; porque el que está falto de luces jamás acierta a aconsejarse bien, a menos que tenga la rara felicidad de encontrar un ministro hábil y honrado, en quien pueda descargarse de todo el peso y cuidados del gobierno; y aun entonces correrá el riesgo de verse despojado de sus estados por aquel mismo a quien imprudentemente confíe toda su autoridad. Para ponerse a salvo de este peligro, si en lugar de un consejero solo tiene muchos, y destituido de talento quiere conciliar los pareceres distintos de sus ministro, que acaso se ocuparán más del interés propio suyo que de los del estado, sin recelarlo él siquiera, ¿cómo podrá evitar su perdición?[4]. Por otra parte, los hombres en general son malos, y no se inclinan al bien sino obligados por la fuerza; de lo que se infiere que la sabiduría sola del príncipe es la que ha de producir los buenos consejos[5], y que los buenos consejos nunca o rara vez suplan la sabiduría del príncipe.

---

[4] Claudio, según Tácito, no sabía dejarse llevar por el consejo de otro ni guiarse por el suyo propio.

[5] Alfonso, rey de Aragón, tenía por el mayor absurdo que los reyes se dirigiesen por sus ministros y los generales de un ejército por sus tenientes. (Panormi: *De rebus gestis Alfonsi.*)

Capítulo XXIV

CUR ITALIAE PRINCIPES REGNUM AMISERUNT

[POR QUÉ LOS PRÍNCIPES DE ITALIA
HAN PERDIDO SUS ESTADOS]

Un príncipe, aunque sea nuevo, se mantendrá tan fácilmente en la posesión de sus estados como aquel que reine por título de herencia si se conduce con arreglo a las máximas que acabo de explicar; y aun en el primer caso su condición será preferible bajo ciertos respectos a la de un príncipe hereditario, porque como se examina con más atención el sistema de un príncipe nuevo, principalmente si gobierna con tino y sabiduría, este mismo mérito suyo le captará el afecto y la estimación de los pueblos mucho mejor todavía que la legitimidad del título de su dominio. Siendo cierto, por otra parte, que los hombres atienden más a lo presente que a lo pasado, y no piensan en variar cuando se hallan bien, un príncipe que llena cumplidamente sus deberes nunca debe temer que le falten sus defensores. Lejos de ser un motivo para disminuir su aprecio la novedad de su fortuna, doblará, por el contrario, su gloria, como que su mérito solo será el que haya vencido todos los obstáculos que se le presentaron; y al paso que el reino de este adquiere más esplendor por las buenas leyes que establece, por la institución de una milicia respetable, por los amigos útiles que se ha granjeado, y por empresas brillantes consumadas con buen éxito, asimismo se envilece y degrada aquel que por su impericia o por su culpa pierde los estados que había heredado de sus mayores.

Si se examina la conducta del rey de Nápoles, la del duque de Milán y la de otros que han perdido sus dominios en nuestros días, se advertirá que han incurrido todos en un grande error, por haberse descuidado en levantar una milicia nacional y, además, en no haber hecho caso de ganarse el afecto de los pueblos, captando al mismo tiempo la voluntad de los magnates: tan cierto es que por desaciertos de esta naturaleza puede perderse un estado respetable, y capaz por sí mismo de poner en campaña un ejército numeroso. Filipo de Macedonia, no el padre de Alejandro Magno, sino el que fue derrotado por Tito Quintio[1], poseía un estado muy poco considerable comparado con el de Roma y los de Grecia, contra cuyas fuerzas combinadas tuvo que defenderse. Resistió, no obstante, a estas grandes potencias, y en muchos años que duró la guerra, solo perdió unas cuantas ciudades; pero este príncipe era un guerrero distinguido, sabía además contemplar a los grandes y hacerse amar del pueblo.

No deben, pues, nuestros príncipes de Italia echar la culpa a la fortuna de haber perdido sus estados, sino a su cobardía y a su falta de previsión; porque estaban tan distantes de creer posibles semejantes trastornos (como sucede de ordinario a los gobiernos que han gozado de tranquilidad por algún tiempo), que cuando vieron acercarse al enemigo, huyeron en vez

---

[1] Felipe, padre de Perseo, último rey de Macedonia.

de defenderse, contando con que los pueblos, cansados bien pronto de la insolencia del vencedor, no tardarían en volver a llamarlos.

Cuando no hay otro partido que tomar, no es tan malo el último; pero considerando que es una vergüenza despreciar los medios honrosos de evitar su ruina, y dejarse así caer con la esperanza de que otros nos levantará; esperanza por lo regular vana, pero que, aun teniendo algún fundamento, es expuesta, porque aquel que confía en el socorro extranjero debe temer el hallar un dueño en su vencedor. El príncipe ha de buscar recursos en sí mismo y en su valor contra la mala fortuna.

Capítulo XXV

QUANTUM FORTUNA IN REBUS HUMANIS POSSIT ET QUOMODO ILLI SIT OCCURRENDUM

[¿QUÉ INFLUJO TIENE LA FORTUNA EN LAS COSAS DE ESTE MUNDO, Y DE QUÉ MODO SE LE PUEDE HACER FRENTE SIENDO ADVERSA?]

No ignoro que han creído muchos, y piensan todavía, que las cosas de este mundo se gobiernan de tal modo por la providencia o por la fortuna, que ningún poder tiene la prudencia humana contra los acontecimientos; y es por lo mismo inútil tomarse cuidado por lo que ha de suceder en ciertas ocasiones, o tratar de evitarlo o impedirlo[1].

Las revoluciones de que hemos sido y somos todavía testigos son muy propias para acreditar una opinión semejante, de la cual aún a mí mismo me cuesta muchas veces trabajo defenderme, considerando cuanto estos sucesos han pasado

---

[1] Tácito nos ofrece un ejemplo en la persona de Claudio, que la fortuna había designado para el imperio, siendo el sujeto en quien menos pensaban los romanos.

más allá de lo que podíamos conjeturar. Sin embargo, como tenemos un libre albedrío, yo pienso, y es necesario reconocer, que la fortuna no gobierna el mundo en tales términos, que no le quede a la prudencia humana una gran parte de influjo en todos los sucesos que vemos.

Yo compararía el poder ciego de la fortuna con un río violento, que, cuando sale de madre, inunda los campos, arranca de cuajo los árboles, derriba y se lleva los edificios, transporta las tierras de un lugar a otro, y nadie se atreve ni puede oponerse a su furor; todo lo cual no impide que, luego que vuelve a sujetarse dentro de sus márgenes, se construyan diques y calzadas para precaver nuevas inundaciones y estragos. Lo mismo sucede ciertamente con la fortuna, que ejerce su poder, si no se le opone alguna barrera.

Echando una mirada a Italia, teatro de frecuentes convulsiones, que ella misma ha provocado, se advierte que es un país falto de diques y sin defensa. Si se hubiera puesto en estado de resistir a sus enemigos, a imitación de España, Francia y Alemania, o la irrupción de los extranjeros, hubiera sido menos considerable y desastrosa, o no hubiera sido invadida.

Ya no hablaré más sobre los medios generales de vencer la mala fortuna; pero, limitándome a ciertas particularidades, debo notar que aun en el día no es cosa rara ver a príncipes que han caído de un estado de prosperidad en la desgracia, sin que pueda esto atribuirse a alguna mudanza en su conducta o en su carácter; lo cual en mi juicio proviene de las causas que he manifestado antes con bastante extensión, a saber: que los príncipes que fían demasiado en la fortuna, se arruinan cuando ella los abandona. Aquellos que arreglan su conducta a las circunstancias, rara vez son desgraciados, porque la fortuna se muda solamente para los que no saben acomodarse al tiempo. Prueba de esto es la diversidad de caminos que toman los que corren en pos de la gloria, o de las riquezas: el uno se dirige hacia su objeto a bulto y a la buena ventura; el otro, con discernimiento y medida; este usa de la astucia, y aquel de la fuerza; uno tiene espera, otro es impaciente; y no obstante, vemos a muchos conseguir su intento por estos medios tan diversos y aun contrarios; y algunas veces, de dos que siguen la misma senda, uno llega a su destino y el otro se extravía. La diferencia de tiempos puede únicamente descifrar la extravagancia de los sucesos.

Las circunstancias deciden también si en tal o cual ocasión un príncipe se ha conducido bien o mal. Hay tiempos en que es necesario valerse de suma prudencia, y hay otros en que el príncipe puede o debe dejar alguna cosa a la casualidad; pero nada es tan difícil como mudar, de intento y a tiempo, de conducta y de carácter, ya sea porque no sepa uno resistir a sus hábitos e inclinaciones, o ya porque con dificultad se abandona un camino que siempre nos había dirigido bien[2].

Julio II, de un genio violento y arrebatador, salió felizmente de todas sus empresas, sin duda porque las circunstancias en que este pontífice gobernaba la Iglesia requerían un jefe de semejante carácter. Aún hay memoria de su primera invasión del territorio de Bolonia, viviendo Juan Bentivoglio, con lo que dio celos a los venecianos, a España y a Francia; pero no se atrevieron a incomodarle unos ni otros: los primeros porque no se consideraban con fuerzas suficientes para resistir a un

---

[2] Maquiavelo dice también en sus *Discursos* «que la causa por que la fortuna abandona a un príncipe es que ella muda los tiempos, y entonces el príncipe no muda de sistema ni de recursos». Acusábase de mudable a un rey de Esparta que sabía obrar según las circunstancias: «No soy yo quien varía —respondía él—, sino los negocios».

pontífice de aquel carácter; España, porque ella misma tenía que recobrar el reino de Nápoles, y Francia, porque además del interés que advertía en contemplar a Julio II, quería humillar también a los venecianos, de suerte que no titubeó en conceder al papa los socorros que le había pedido.

Así es como Julio II salió felizmente de una empresa en que hubieran sido intempestivas la prudencia y la circunspección; y sin duda esta misma empresa hubiera tenido mal éxito dando tiempo a España y a los venecianos para reconocerse, y a Francia para que la entretuviera con excusas y dilaciones. Julio II manifestó en todas sus empresas el mismo carácter de violencia, justificándolo el éxito plenamente; pero acaso no vivió bastante para probar la inconstancia de la fortuna, porque si hubiese llegado tiempo de valerse de la prudencia y la circunspección, inevitablemente hubiera encontrado su ruina en aquella inflexibilidad de carácter e impetuosidad, que eran tan naturales en él.

De todo esto es preciso concluir que aquellos que no saben mudar de método cuando los tiempos lo requieren, prosperan sin duda mientras van de acuerdo con la fortuna; pero se pierden luego que esta se muda, no sabiendo seguirla en sus frecuentes variaciones.

Por último, opino que más vale ser atrevido que demasiado circunspecto; porque la fortuna es de un sexo que únicamente cede a la violencia[3], repele siempre a los cobardes, y si suele declararse por los jóvenes, es porque son ellos más emprendedores y atrevidos.

---

[3] Aníbal llamaba a la fortuna madrastra de la prudencia.

Capítulo XXVI

EXHORTATIO AD CAPESSENDAM ITALIAM IN LIBERTATEMQUE A BARBARIS VINDICANDAM

[EXHORTACIÓN PARA LIBERTAR LA ITALIA DEL YUGO DE LOS EXTRANJEROS]

Cuando repaso las materias que contiene este libro, y me detengo a examinar si las circunstancias en que nos hallamos serán o no favorables para el establecimiento de un gobierno nuevo, que fuese tan ventajoso para Italia como honroso a su autor, me parece que no ha habido ni habrá tiempo más oportuno de llevar a ejecución una empresa tan gloriosa.

Si fue preciso que el pueblo de Israel estuviera esclavizado en Egipto para apreciar las raras prendas de Moisés; que los persas gimiesen en la opresión de los medos para conocer todo el valor y la magnanimidad de Ciro; en fin, si los atenienses no hubieran percibido tan vivamente la importancia de los beneficios de Teseo, a no haber experimentado los males inherentes a la vida errante y vagabunda, ha sido necesario también que para apreciar el mérito y talento de un libertador de Italia, se viera nuestro infausto país maltratado más cruelmente que Persia; que sus habitantes hayan estado más dispersos que los atenienses, y en fin, que hayan vivido sin leyes y sin jefes, saqueados, divididos y esclavizados por los extranjeros.

Alguna vez, en verdad, han aparecido varones de un mérito tan singular, que pudiera habérseles creído enviados por Dios para libertarnos; pero no parece también sino que la fortuna celosa se empeñó en abandonarlos en la mitad de su carrera[1]; de suerte que nuestra desgraciada patria gime todavía exánime, y se consume esperando algún redentor que ponga fin a la devastación y frecuente saqueo de Lombardía, de Toscana y del reino de Nápoles; pide al cielo que levante algún príncipe poderoso para sacarla del yugo pesado y aborrecible de los extranjeros, para cicatrizar las hondas llagas que tiene abiertas tanto tiempo ha, y para conducirla bajo sus estandartes a una victoria permanente contra tan crueles opresores.

Pero ¿en quién podrá Italia poner los ojos sino en vuestra casa, que, sobre hallarse visiblemente favorecida del cielo, y en el día encargada del gobierno de la Iglesia[2], posee además la sabiduría y el poder necesarios para intentar una empresa tan noble? Yo no creo que os presente obstáculos invencibles la ejecución de este proyecto si consideráis que los grandes príncipes, que os pueden servir de norma, no eran más que hombres poderosos como vos, aunque su mérito les haya elevado sobre los demás de su especie; y a la verdad ninguno de ellos se halló en una situación tan favorable como la vuestra. Debo añadir que, estando también la justicia de vuestra parte, su causa no podía ser más legítima, ni Dios estar por ellos más

---

[1] Parece que el autor hace aquí alusión a Savonarola. (Véase su *Historia de Florencia*).

[2] Julián de Médici, electo papa en el año de 1513 y que tomó el nombre de León X, llamado comúnmente el restaurador de las bellas letras.

bien que por vos. Toda guerra es justa desde que es necesaria; y es humanidad tomar las armas por la defensa de un pueblo, cuando está en ellas su único y postrer recurso. Todas las circunstancias concurren a facilitar la ejecución de un designio tan noble; y basta, para llevarle a buen término, caminar por las huellas que dejaron los hombres ilustres que os he dado a conocer en el discurso de esta obra.

¿Es acaso necesario que hable el cielo? Pues ya ha manifestado también su voluntad por señales prodigiosas. Se ha visto al mar abrirse y dar paso por sus abismos; a una nube señalar el camino que se debe seguir; brotar agua de una roca, y caer maná del cielo. Todo lo demás debemos hacerlo nosotros, pues Dios nos ha dotado de inteligencia y de voluntad para alcanzar la porción de gloria que nos está reservada.

Si ninguno de nuestros príncipes ha podido hasta ahora hacer lo que se espera de vuestra ilustre casa, y si Italia ha sido en sus guerras constantemente desgraciada, consiste en que no ha acertado a reformar sus instituciones militares aboliendo el antiguo método de pelear, y tomando otro más adaptable a las luces del día.

Nada honra más a un príncipe nuevo, ni influye tanto en alcanzarle la admiración y respeto de sus súbditos, como las instituciones y leyes nuevas que establece, cuando estas son buenas y van acompañadas de un carácter de grandeza. Italia se halla indudablemente bien dispuesta para recibir nuevas formas. A sus habitantes de ningún modo les falta valor; les faltan buenos jefes; y prueba de esto es que los italianos son muy diestros en los desafíos y en otras contiendas particulares, al paso que en las batallas aparece casi apagado su valor. Un fenómeno tan raro no puede atribuirse sino a la debilidad e impericia de los oficiales, que no saben hacerse obedecer por aquellos que conocen o presumen conocer el oficio de la guerra; y así vemos que las órdenes de los principales capitanes de nuestro tiempo no se han ejecutado jamás con exactitud y celeridad. He aquí por qué los ejércitos levantados en Italia para las guerras que hemos tenido de veinte años acá han sido casi siempre derrotados. Basta acordarse de las batallas de Tar, Alejandría, Capua, Génova, Valla, Bolonia y Maestri.

Proponiéndose, pues, vuestra ilustre casa imitar a aquellos antepasados nuestros que libertaron a su país del dominio de los extranjeros, debe antes de todo formar una milicia nacional, que es la única buena, y en cuya fidelidad puede tenerse confianza; siendo de notar que, aun cuando cada soldado en particular sea bueno, llegarán a ser todavía mejores todos reunidos, viendo que el príncipe les lleva por sí mismo al combate, los honra y recompensa.

Síguese de aquí que es indispensable tener tropas sacadas del mismo país, si se quiere que este no sea invadido por los extranjeros. La infantería suiza y la española son muy apreciables; pero ni la una ni la otra carecen de defectos, que pueden evitarse en la formación de la nuestra, y hacerla superior a ellas. Los españoles no pueden resistir el choque de los escuadrones, ni los suizos sostenerse al frente de una infantería tan valiente y obstinada como la suya sin volverle la espalda. En efecto, se ha visto y se verá mucho tiempo que las tropas de infantería española no pueden resistir el choque de la caballería francesa, y que a la infantería suiza puede arrollarla la infantería española. Si se dudara de este último supuesto, traería a la memoria la batalla de Rávena[3], en que la infantería española

---

[3] Se dio el día 11 de abril de 1512, y aunque en ella quedó victoriosa Francia, tuvo que llorar la pérdida irreparable del vencedor, el malogrado joven Gastón de Foix, duque de Nemours, sobrino de Luis XII. No con-

peleó con las tropas alemanas, que guardan en el combate el mismo orden que los suizos. Habiéndose arrojado los españoles con la impetuosidad que acostumbran, y abrigados con sus broqueles, en medio de las picas de los alemanes, fueron estos precisados a replegarse; y hubieran sido derrotados enteramente a no haber caído sobre los españoles la caballería.

Trátese, pues, de formar una milicia que no tenga los defectos de la infantería suiza ni de los de la española, y que pueda sostenerse contra la caballería francesa: nada hay más propio para que un príncipe nuevo ilustre su reino y adquiera una gran reputación.

Es harto excelente para dejar perder la ocasión que se presenta, y ya es tiempo que Italia vea quebrantada sus cadenas. ¿Con qué demostraciones de gozo y de reconocimiento recibirían a su libertador estas desgraciadas provincias que gimen tanto tiempo ha bajo el yugo de una dominación odiosa? ¿Qué ciudad le cerraría sus puertas, o qué pueblo sería tan ciego que rehusara obedecerle? ¿Qué rivales tendría que temer?

¿Habría un solo italiano que no corriera a rendirle homenaje? Todos se hallan ya cansados de la dominación de estos bárbaros. Dígnese vuestra ilustre casa, fortalecida con todas las esperanzas que da la justicia de nuestra causa, formar una empresa tan noble, a fin de que recobre nuestra nación bajo vuestras banderas su antiguo lustre, y sea tal que pueda cantar con mejores auspicios aquellos versos de Petrarca:

---

tento con haberse cubierto de gloria delante de Rávena, de haber antes rechazado un ejército de suizos y lanzado al papa de Bolonia, atravesando rápidamente cuatro ríos, perseguía a un cuerpo de españoles que iba de retirada cuando fue muerto.

Virtu contro al furore
prenderá l'arme, é fia il combatter corto, ché l'antico valore
negl' italici cuor non è ancor morto.*

---

* La virtud tomará las armas contra el atropello; el combate será breve pues el antiguo valor en los corazones italianos aún no ha muerto.

SOBRE ALBERTO LISTA, TRADUCTOR

Alberto Rodríguez de Lista y Aragón (Sevilla, 15 de octubre de 1775-Sevilla, 5 de octubre de 1848) fue hijo de Francisco Rodríguez de Lista y de Paula Aragón. Fue un niño superdotado en matemáticas y humanidades; estudió en la Universidad de Sevilla filosofía, teología y matemáticas, materia en la que, a los trece años de edad, fue sustituto en la cátedra de la Sociedad Económica de Sevilla. Desde 1796 enseñó esta materia en el Real Colegio de San Telmo Sevilla. Fue ordenado sacerdote en 1803; colaboró en *El Correo Literario y Económico de Sevilla* (1803-1808) y le influyeron fuertemente las ideas filantrópicas del enciclopedismo

Tuvo que exiliarse por afrancesado al acabar la Guerra de la Independencia; regresó a España en 1817, estuvo en Pamplona y en Bilbao y, con el triunfo de la revolución de Rafael del Riego (1820), se afincó en Madrid. Colaboró en el *Periódico del Ministerio de Gobernación de la Península* y fundó con otros dos afrancesados, Sebastián de Miñano y José Gómez Hermosilla, la revista *El Censor* (1820-1822) y *El Imparcial* (1821-1822). Al final del Trienio Liberal marchó a dirigir la *Gaceta de Bayona*.

En 1833, muerto Fernando VII, volvió definitivamente para dirigir la *Gaceta de Madrid* hasta julio de 1837. Como redactores tuvo a sus órdenes a Hartzenbusch, Cándido Nocedal, Salvá, Eugenio de Ochoa, Pérez Anaya, Francisco de Paula Madrazo, Navarrete y algunos otros. Dirigió además *La Estrella*, periódico favorable a la causa de Isabel II.

En 1836 ocupó una cátedra en el Ateneo de Madrid y explicó matemáticas en la Universidad Central; luego marchó a Cádiz y allí se dedicó a la enseñanza en el Colegio San Felipe Neri y colaboró en *El Tiempo* (1839-1840); luego fue a Sevilla y enseñó en la Academia de Bellas Artes y en la Universidad. Presidió la Academia de Buenas Letras y fue nombrado canónigo de la catedral hispalense.

Entre otros discípulos tuvo a José de Espronceda, Antonio Cavanilles, Patricio de la Escosura, José María Tenorio Herrera, Luis de Usoz, Juan Bautista Alonso, López Pelegrín, Mariano José de Larra, Eugenio de Ochoa, Pezuela, Mariano Roca de Togores y Ventura de la Vega. Ingresó en 1847 en la Real Academia de la Historia con un discurso sobre el *Carácter del Feudalismo en España* en el que negaba su existencia.

Obras

—*Elogio del Serenísimo Señor Don José Moñino, Conde de Floridablanca, Presidente de la Suprema Junta Central gubernativa de los Reynos de España e Indias*, Sevilla, Imprenta Real, 1809.

—*Tratado elemental de Geometría. Aplicación del Álgebra a la Geometría y Trigonometría rectilíneas.* Bilbao, 1819.

—*Reflexiones imparciales sobre la Inquisición*, Madrid, 1820.

—*Colección de trozos escogidos de los mejores hablistas castellanos, en verso y prosa, hecha para el uso de la Casa de Educación, sita en la calle de San Mateo de la Corte* (2 vols.), antología de textos de literatura clásica española en verso y prosa. Madrid, 1821

—*Poesías*, Madrid, 1822.

—*Resumen analítico de la Historia Universal del Conde de Ségur*, 1838, resumen y traducción de Louis-Philippe de Ségur *Histoire universelle*, ampliado por Lista hasta la época actual.

—*Lecciones de literatura dramática española esplicadas en el Ateneo Científico, Literario y Artístico,* Madrid, 1839.

—*Artículos críticos y literarios,* Palma, 1840.

—*Ensayos literarios y críticos,* Sevilla, 1844, 2 vols., con prólogo de José Joaquín de Mora.

Otros títulos
de la colección

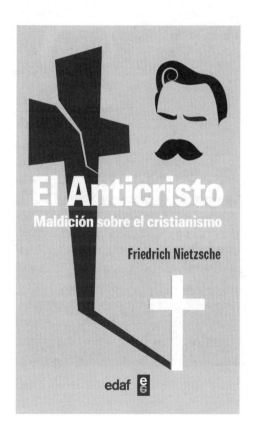

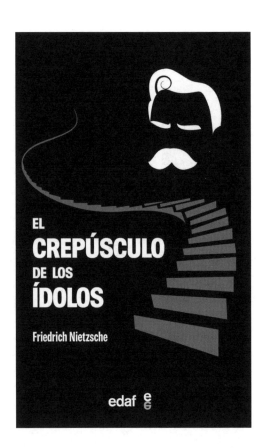

EL CREPÚSCULO DE LOS ÍDOLOS

DE LOS

Friedrich Nietzsche

edaf

LA GENEALOGÍA DE LA MORAL

Friedrich Nietzsche

edaf

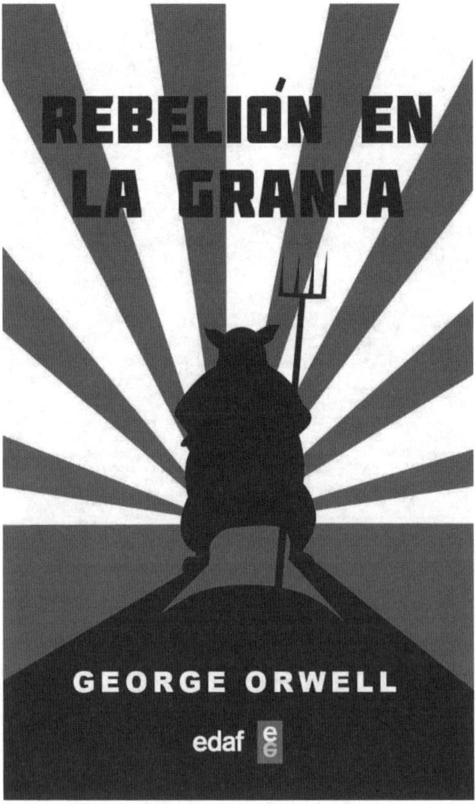
REBELIÓN EN
LA GRANJA
GEORGE ORWELL
edaf

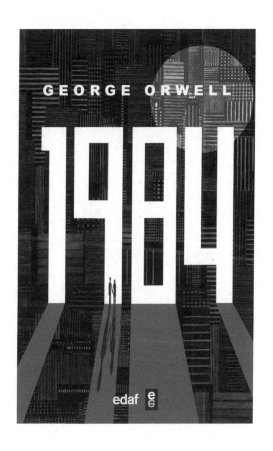